MYNAVI BUNKO

「ありがとう」と言うだけでいいことがいっぱい起こる

野坂礼子 著

マイナビ

この本を手にとってくださり、ありがとうございます。

はじめに

何もかもがうまくいっている人がいます。物事が不思議ととんとん拍子に運び、あっという間に自分の願いをかなえています。

また、いつも楽しそうに毎日を過ごしている人がいます。明るい笑顔を浮かべ、いい友達との関係を楽しみ、生き生きと輝いています。

その反対に、何をやってもうまくいかない人がいます。

職場では人間関係に悩み、恋愛をしても長くは続きません。体調はどこかしら悪く、いつも難しそうな顔をしています。

この人たちの人生の温度差は、どこからくるのでしょうか。

実は、この差を決めるのは、とても簡単でシンプルなことだったのです。

私は、企業の営業や接客教育のインストラクターとしてスタートし、かれこれ30年になります。現在は、「笑顔セラピー」という一般の方々を対象としたセミナーを開き、本物の幸せ、そして確実に幸運をつかむためのノウハウをお伝えしています。

この30年の経験から、運がよくなるための究極の方法がわかってきたのです。人が幸福になるためには、ある一つの言葉が必要だったのです。

ここで一つ、あなたに質問があります。人間関係に悩んだときや恋愛に迷ったとき、仕事で困ったとき、病気でつらいとき、あなたはどんな言葉を口に出しているでしょうか。

壁に突き当たったとき、そのときに使う言葉で人生の道は大きく分かれるのです。そんなときにこそ、「ありがとうございます」と感謝ができる人は、本物の幸せをつかむことができます。

しかし、逆境の中で、なかなか感謝などできるものではありません。けれど、そんなときには「ありがとうございます」というだけでいいのです。

心がこもらない場合にはそれでもかまいませんので、ただくり返し唱えるのです。それこそ、「くそっ！　ありがとうございます」でもかまいません。このたった10文字の「ありがとうございます」を口に出したり、心で思ったりするだけで、あなたの人生は根底から変わっていきます。

この「ありがとうございます」を唱える方法を「感謝法」と名付け、私は笑顔セラピーで受講生にお伝えしてきました。すると、「運命の人と巡り会うことができた」「人間関係で困ることがなくなった」「職場で苦手な上司が、突如、優しくなった」「契約が次々取れた」「長年の腰痛が消えた」などなど、人生に突然幸運が舞い込んでくる人が続出するようになったのです。こんなにも簡単でシンプルな方法ですが、その効果は予想をはるかに超えていて、私自身がいちばん驚いたのです。

また、この「ありがとうございます」は周囲が変化するばかりではありません。「ありがとうございます」をくり返すうちに、自分の性格すら変化していきます。とげとげしく怒りやすい性格だった方が、「ありがとうございます」とくり返すうちに、明るく友好的な性格に変化したりもします。

「ありがとうございます」を唱える効用を、こうお書きしても、なかなか信じてもらえないかもしれません。それは、ほんとうに不思議な体験だからです。

ここまで読み、

「スーパーやコンビニの店員さんは、毎日、何度となくお客さんに『ありがとう』をいっているはず。そうした職業の人々は、みんなすごく幸福になれるはずなんじゃゃない？」

などという疑問を持つ方もいるかもしれません。

確かに、「ありがとうございます」を日常的に何度いっていても、幸福になれない方もいます。そうした方は、ふだんの生活で「ありがとうございます」の言葉以上にたくさん「だめだ」「つらい」「嫌いだ」など、心からのマイナスの言葉をたくさん使っているのです。その解消法については、のちほど詳しく触れていきましょう。

幸運と不運、どちらを選ぶかはあなた自身です。「運命」は「命を運ぶ」と書きます。命を運ぶのは、ほかならぬあなた以外にありません。笑顔と幸福感で満ちあふれた人生にするのか、苦しくつらい人生を選ぶかは、自分自身なのです。

私が、ここでいくら「ありがとうございます」で人生が開けるとお書きしても、最初は信じられないかもしれません。「そんなこと、あるはずがない！」と思う方がいても当然だと思います。私の話に耳をふさぐことはとても簡単です。でも、考えてみてください。私がでたらめを本にして、何のメリットがあるでしょうか。私の仕事は、社会的な信用が落ちると致命傷を負う仕事です。いいかげんなことはいえない立場なのです。

この本でお話しすることは、紛れもない真実です。このチャンスを逃し、実行しなかったら、あなたは一生の大損をします。私は、ただこの感謝法を多くの人に知ってもらい、実践して幸せになってもらいたいのです。

だまされたと思って、「ありがとうございます」をくり返し唱えてみてください。とても簡単だし、お金もかからず、副作用もありません。選ぶのはあなたです。

多くの方が、「ありがとうございます」を唱えることによって不思議な体験をされています。チャプター7には、体験談が掲載されていますので、信じられないと思った方は、まずこのチャプターからお読みになってもいいかもしれませんね。

「自分が使った言葉通りの人生になる」とは、宇宙の絶対法則です。

「ありがとうございます」を唱えてください。この魔法の言葉によって、幸せになるのは、案外、簡単だということに気づかれることでしょう。

野坂礼子

「ありがとう」の唱え方
基本編

「ありがとう」ではなく「ありがとうございます」をくり返し唱えましょう。「ありがとう。ありがとう。ありがとうございます」でも結構です。

「ありがとう」と「ありがとうございます」では、言葉の持つパワーも質もまったく違うのです。

また、「ありがとうございました」はプラスのパワーをいったん止めてしまうので、「ありがとうございます」がやはり良いのです。

口に出さず、心の中で唱えましょう。歩きながらでも、掃除中でも、通勤中でもOKです。特に効果的なのは入眠前です。

入眠前には2〜3分間でもいいので、目を閉じ、心を集中して「ありがとうございます」を唱えましょう。

100回で2〜3分、1000回で15〜20分程度で唱えられます。2000回、3000回と、回数をどんどんふやしていきましょう。唱える回数がふえるほど、人生は大きく速く変わっていきます。

「ありがとうございます」を唱えるとき、大事な人や苦手な人の顔を思い浮かべたり、「○○さん、ありがとうございます」と名前を入れてもいいのです。しかし、基本はただひたすら「ありがとうございます」を唱えます。相手とのいい関係が期待できます。

ただし、「苦手(嫌い)でなくなりました」「病気が治りました」など、「苦手」「病気」などマイナスイメージを含む言葉は、ふだんから使ってはいけません。「○○が好きです」「豊かです」「元気です」といったプラスの言葉をたくさん使いましょう。

※本文中などで**「ありがとう」**と表記する場合がありますが、唱えるときは**「ありがとうございます」**と唱えてください。

「ありがとう」と言うだけでいいことがいっぱい起こる　目次

Chapter 2 プラスの言葉で幸運が舞い込む

Chapter 6 病気を治して元気に暮らすために

Chapter 7 幸せを呼び込んだ10名の体験談

Chapter 8 感謝行——無条件の幸せセラピー

Chapter 1

あなたの人生の流れを変える

ありふれた言葉に宿る魔法の力

「ありがとうございます」という言葉は、とてもありふれた言葉です。日常的に使っているこの言葉に、とても不思議で大きな力が宿っていることなど、最初は想像もつきません。だれだって、一日に何度も口に出している言葉だからです。

しかし、意識をして、毎日「ありがとうございます」をくり返し唱えてみてください。**早い人は2週間で、遅くても2～3カ月で、自分や自分のまわりがとてもいい方向に変わり始めるはずです。「ありがとうございます」という言葉は、それほど大きな魔法の力を秘めているのです。**

「ありがとうございます」をくり返し唱えるという方法は、そもそも私が、主宰するセミナー「笑顔セラピー」の中で生み出したのです。早いもので、私が笑顔セラピーを始めてからすでに約30年が経とうとしています。その間気づけば、いろいろな先生方が「ありがとう」の不思議なパワーに気づき、伝えてらっしゃいました。

詳しくは後述しますが、接客の仕事には笑顔が何よりも大切だと私は考えていました。そんな折、不思議なチャンスが巡ってきて私は笑顔セラピーを開きました。しかし、笑顔セラピーを発展させていく中で、笑顔と同等、いやそれ以上に「ありがとうございます」の大切さに気づかされたのです。

これまで私は、心理学やカウンセリングなど、人の心に関するさまざまなことを勉強してきました。しかし、これらの学問は人の内面を定義づけ、系統立ててくれますが、それだけでは人は救われないと実感していました。

自分の内面を分析し、悩みの原因を見つけていくのが心理療法です。しかし、自分を冷静に見つめるのには大きなパワーが必要です。

また、心理療法では、自分の悩みを招く原因を自分自身で取り除かなくてはいけません。それは苦しいことが多くて、大きな勇気が必要です。

そんな大きなパワーや勇気を持っている人は、そう多くありません。また、心理療法の分析的手法で、悩みの原因が見つかる確率も決して高いものではありません。

笑顔セラピーを訪ねてくる人々の中には、人生に行き詰まり、どうしたらいいのかわからないという方がたくさんいらっしゃいます。

そうした悩みを抱える人々に、どうしたら希望を与えられるだろうか。どうしたら私がこれまで勉強したことを実践に活かせるのだろうか——私は真剣に考え悩みぬきました。

試行錯誤の末に出来上がったのが、「ありがとうございます」を唱えるというシンプルな方法です。

このシンプルな方法ならば、だれでも簡単に実行できます。

「ありがとうございます」とは、心が満足している状態を表現する言葉です。

実際に心が満たされていなくても、ひとまず「ありがとうございます」を口に

すれば、徐々に心も落ち着き、満たされていき、笑顔が生まれてくるのではないかと考えたのです。つまり、形から幸福をつくっていくのです。

私は、この方法を「感謝法」と名付けました。

感謝法の効用は、私が思う以上の成果を生み出しました。笑顔セラピーで受講者の皆様にお伝えしたところ、驚くような報告が寄せられるようになったのです。

もっとも、生徒さんたちからの最初の報告は小さな兆しのようなものでした。

例えば、「交通事故でムチ打ち症になり、相手方との交渉に弁護士を頼んでいる。しかし、無愛想な弁護士で話をきちんと聞いてくれない。その弁護士を想像しながら『ありがとうございます』を唱えていたら、親身になって話をよく聞いてくれるようになった」「お茶を運んでも、いつも無言の嫌な上司をイメージして、『ありがとうございます』を唱えていた。すると、1週間ほどたったとき、お茶を運ぶと『ありがとう』といわれた」といったものでした。

こうした小さな兆しが、のちに大きな大きな実を結ぶようになるとは私も想像していませんでした。しかし、その後、感謝法が大きな輪となって広がっていくようになりました。

夫の暴力におびえて逃げ出した暗い過去

現在、私は笑顔セラピーで、感謝法や笑顔の作り方、プラス思考になる方法を伝えています。このようにお書きすると、私のことを、生来、とても明るくポジティブな性格の人間だと想像されることだろうと思います。

しかし、私自身の生い立ちをお話しすれば、強い自己否定からなかなか逃れることができなかったことが理解していただけると思います。私自身が、言葉の持つ不思議な力によって救われた体験があるのです。

ここで、私の生い立ちをかいつまんでお話ししたいと思います。

母親は厳しく、いつも不安でプライドが高くマイナス思考の人でした。取り越し苦労や気苦労が多く、気持ちが不安定になって、子どもたちにきつく当たっていました。

さらに不幸なことに、私は望まれずに生まれてきた子どもでした。戦後すぐの物のない時代でしたから、母は育てるのが不安で私がおなかにいるとき、産みたくない、できるなら流れてくれないか……と思ったそうです。

多くの研究報告が示すように、胎児を身ごもったときの母親の否定的な感情は、生まれた子どもの人格形成に暗い影を落とすのです。

私は、物心ついた3～4歳のころからすでに「生きるのはしんどいこと」とすでに感じていました。マイナス思考の母の口癖を聞いて育った私は、生きていくことに不安を持っていたのです。

小学校6年生のときには、もう生きることがつらくなり、精神的に追い詰められていました。毎日が苦しくていつも暗い顔をした少女でした。今思えばわかるのですが、強迫神経症の症状などが出ていました。

その時期はなんとか乗り切りましたが、20歳を過ぎたころ、失恋がきっかけで、過呼吸発作(精神的ストレスなどがきっかけで呼吸困難の状態になる発作)が始まったのです。

病院に行くと、「自律神経失調症」「不安神経症」という2つの病名が告げられ、ついに2カ月半の入院生活を余儀なくされました。

24歳のとき、私はさびしさから逃れるために、温かく抱き締めてくれる人を求めて結婚しました。でも、私の身勝手な理由からの結婚がうまくいくわけがありません。

当時の私の性格は、生まじめで、粘着質、そして頑固でした。毎日が不安で、嫉妬と不満が渦巻き、日々体の不調を訴えている状態でした。そんな私に対して夫は、浮気、そして暴力……。

おびえ切った私は、10歳と4歳になる2人の子どもの手を引いて夫から逃げました。36歳のときのことです。

ピンチを、幸福を手に入れるチャンスに変える

子どもの手を引いて逃げ、その後夫とは離婚できたものの、専業主婦だったのでこれから先の生活の見通しはまったく立ちませんでした。

しかし、母は強しです。2人の子どもの寝顔を見ていたら、「がんばるしかない」と心の底から生きるための決意がわき上がってきました。

そうと決めたら、私はさっそく職業安定所を訪ねました。希望は接客職でしたが、接客の仕事は当時36歳の私には年齢的に不利で、良い就職先がありませんでした。

すると担当者は、「接客職の場合、年齢が上がったら、接客指導担当者になるというケースがありますよ」と教えてくれたのです。「接客指導担当者」と

いう言葉には、ピンと響くものがあり、「これだ」と思いました。このときから、私の目標は接客指導担当者、つまり「接客の先生」となったのです。

そうこうするうちに、就職案内誌で社員教育講師の募集を見つけました。思った以上の高給です。私は迷うことなく応募しました。

ペーパーテスト、集団討議、面接、教育実習などの試験科目があり、30数人の応募で1人通るという狭き厳しい門でした。こんなときは私の思い込みの強い性格が幸いします。

「絶対パスするぞ」と決意を堅くし、寝る間を惜しんで必死に勉強しました。試験の際にわかったのですが、ライバルたちはみな、それなりの経験を積んだ強者ばかりだったのです。未経験者は、私だけでした。

私の決意が幸いしたのか、私はこの試験に合格しました。合格を告げられたとき、「あなたはこの仕事に関しては素人だが、燃えるものが見える。当社はそれに賭けます」と担当者がいってくれたのです。

しかし、合格したものの、私はすぐに出社できない状況にありました。父親は末期ガンで、母親は入院先で父の世話でいっぱいの状態でした。子どもたちの世話を母に頼めず、預ける保育園もすぐには見つかりませんでした。

合格が決まってから事情を話し出社を待ってもらい1カ月たっても出社できずにいると、さすがに呼び出しがかかりました。そこで、「またお子さんが大きくなったときにいらしてください」と入社を断られてしまったのです。

1カ月前は合格の喜びに小躍りして帰った道を、その日はうなだれて涙をポロポロこぼしながら歩いていました。このとき突然、なぜか強烈な憤りがこみあげてきたのです。

「私のどこが悪いゆうねん。こんなに一生懸命まじめにやってきたのに、離婚するはめになって、せっかく合格した就職先まで取り上げられる……。よし、こないなったら、子どものいる私が働ける時間の中で、できることは何でもやる。階段をはって上れといわれたらはって上る。靴をなめろといわれたらなめる。お金を稼いで子どもは必ず育ててみせる！」と天に抗議し、歯をくいしばり、前よりずっと強く、がんばる決意をしたのです。

今だからこそわかるのですが、この2度の決意が私の人生を大きく変えたのです。子どもの寝顔を見ながらした決意、そして合格をふいにしたあとのこの決意です。

この2つの決意がなかったら、今の幸せはありませんでした。人間は自分の意識によって人生はすべて決まり、意識を変えるだけで人生を自由に変えることができるのです。

意識の中でも決意が大切です。決意することにより自分を変え現実も変わって、必ず決意したとおりの結果に到達できるのです。そして、自分の意識は、使う言葉によって決まります。くり返し使う言葉に心は必ずついていくというのが宇宙の絶対法則なのです。

だから、ピンチこそ決意するチャンス、幸福を手に入れる絶好のチャンスなのだということが、今だからこそわかります。

どん詰まりで見つけた幸福の法則

その後、子どもを預けられる保育園を見つけ、私はやっと就職をしました。

就職先は、20万円以上もする幼児向けの教材を売る会社です。朝礼では全社員で大声をあげて気合いを入れ、成績優秀者はみんなの前で大きく称賛されるという、壮絶なるセールス会社でした。

セールス初日、それまで専業主婦だった私にとって、見ず知らずの家庭のドアのチャイムを鳴らすことがこわくて体が震えて押せず、とうとう近くの喫茶店に逃げ込み泣きました。

しかし、歩合制のこの会社では、売らないことには給料はほとんど入りません。その後は、震える指先でやっとチャイムを鳴らしましたが、門前払いです。

あまり丈夫とはいえなかった40kgのやせた体で商品の重い教材を持ち、肩をガックリ落として通りを歩いていると、突然、名前を呼ばれました。セールス指導のマネージャーでした。

「どうやった?」

「相手に話も聞いてもらわれへんのです」

「1日や2日で売れるわけない。けど、あんた暗いな! 顔をもっと上げて元気に歩かな」

マネージャーの突然の言葉に驚き、奥歯をかみしめて私が数歩歩き出すと、さらに声が飛んできました。

「そんな顔では物は売れん! 笑わんかいな!」

何かが心の中でパンと音を立てて破裂しました。奥歯をかみしめていては、笑うこともできません。

「人の気も知らんと……。つらくて、みじめで、お先真っ暗やのにどこが笑えんねん」

と心の中で怒り爆発、しかし食べていくためには売れないことにはどうしようもありません。その日の帰路、私は泣きながら、あれこれ悩みました。

自分にとって都合のいい言葉はいくらでも出てくるものです。「セールスの仕事は自分に合わない」「売り方は強引だし、ノルマもきつすぎる」「仕事のやりがいなど絶対に感じられるわけがない」「帰りも遅くなるので、子どももかわいそうだ」などなど……。

しかし、このまま辞めたら、人生の負け、人生逃げてばかりでは子どもを育てられません。マイナスをだれかのせいにして、今ここで逃げ出したら、私は一生自立できない。

そのときです。今まで逃げてきたばかりの私の脳裏に、「逃げたらあかん」という言葉が突然浮かび上がってきました。

この会社は確かに私には合わないので、いずれ辞めるけど、それにしても自分が納得できる辞め方をしようと決意しました。そのためには、「教材を1つ売ろう」。教材を1つでも売ったなら、「売ることはできるけれど自分に合わないから辞める」と納得できると思ったのです。

そうして私は、「1つ売る」という新しい目標を立てました。

その夜、帰宅してからマネージャーの言葉について、落ち着いて考えてみました。マネージャーのいうように、初めての家を訪問してセールスをするのに、確かに「笑顔」は不可欠です。そこで、私は笑顔の練習を始めました。

そのとき暮らしていたのは、6畳一間のアパート暮らし、子どもの前で、笑顔の練習をするのは恥ずかしいので、トイレやおふろで笑顔の練習です。

しかし浴室の鏡に向かって笑顔の練習をしていると、涙がボロボロと止めどなくあふれてきて、

「情けない、こんなに辛いのになんで笑わなあかんねん……」

と思い、うまくいきませんでした。

この頃、古本屋で私の運命を変える本と出会ったのです。何気なく手にした本から、次のような内容が目に飛び込んできました。


「言葉で人生は決まる。肯定的な言葉を使うことで人生は開ける」


私の人生を変えた「言葉の法則」に出会った瞬間でした。

一読したときには、「そんなバカな！」と思い信じられませんでした。しかし、この本の内容は、私の中で引っかかりました。そして、セールスにも行き詰まっていた私は、わらにもすがる気持ちで、実行してみることにしました。

「私は売れるセールスマン。未来は明るい。明日、出会うお客様はみんないい人。必ず明日は注文が取れる」

と、まずは肯定的なフレーズを作り、くり返し唱えてみました。すると、うまくできなかった笑顔が、できるようになってきたのです。

またそのころから、「つらい」「しんどい」「嫌だ」などといったマイナスの言葉はいっさい使わないことにしました。

次に私が実行したことは、元気で明るく、成功した幸せな人のふりをすることです。駅の階段では、元気いっぱいという感じで2段ずつ駆け上がりました。駅員さんでも店員さんでも、出会った人には人の2倍の大きな声で、元気そうに明るくあいさつをしたのです。

笑顔とプラスの言葉で出会いに恵まれる

笑顔と肯定的な言葉、元気なふりをするという3本立ての方法を1カ月ほど続けていると、他人から見ても、私の笑顔もなんとか板に付いてきたように思われました。セールスで訪れた家でも、もう門前払いされることも少なくなりました。

でも、20万円もする教材を即決で購入してくれる人はまだいませんでした。

しかし、就職から3カ月半が経過したころ、ついに奇跡が起こりました。1本、即決で売れたのです。

「ヤッタ！」と飛び上がり、「これで辞めることができる」と思いました。しかし、不思議なことに、このあとから教材がおもしろいように次々と売れるようになったのです。

4カ月目からは、私がトップセールスを記録するようになりました。4カ月前は指が震えてドアのチャイムも押せなかったというのにです。

この会社には、結局8カ月間、お世話になりました。この8カ月間で、私の内面・外見ともに音を立てて変わっていきました。

辞める前には、「野坂さん、おもろいとこあるで。明るいから好きや」などと同僚にいわれました。もう驚きです。これまで、「おもしろい、明るい」などと人からいわれたことは皆無です。

不思議なことに、性格が変わるとともに、体も丈夫になり、カゼもひかなくなりました。

そのうえ、いい出会いが次々と起こるようになりました。このセールス会社を辞めるきっかけとなったのも、人との出会いからでした。

セールス会社に就職してから7カ月目に、OL時代の先輩と地下鉄の改札口でばったり出会ったのです。そのとき、先輩は接客・指導のインストラクターをしていました。

私は、現在の自分の状況を説明し、先輩のような接客の先生になりたいと話すと、まさに望んでいた就職先を紹介してくれたのです。

実はそのころ、セールスの成功を短い言葉にしてくり返しつつ、接客指導の講演をしている自分も言葉を使ってイメージしていたのです。

「私は必ず達成する。今、全力投球するのは、一流の接客講師になること」と、就寝前にくり返し唱えていたのです。

その甲斐あってか、先輩に紹介された就職先に、私は社員教育や接客の講師として勤めるようになりました。

そのころは、「自分の足で立って生きるんや。一人前のプロの講師になるんや」という仕事への意欲に私は燃え、生まれて初めて本気で、全身で生きていました。

また、これまでの人生の紆余曲折から、私なりの接客術を確立しつつありました。

「本気で生きる。3倍やれば、潜在能力が花開く」

「人のせいにしない」

「逃げない」

など、自分の生きた経験が無駄になることなく、私なりの接客論や教育論が実を結びつつあったのです。さらに、私が尊敬できる師との出会いがあり、その影響から私の教育論には磨きがかかってきました。

自信がついた私は会社を辞めて自立し、笑顔セラピー（ありがとうございます笑顔セラピーねっと）を設立したのです。

おかげさまで、松下電器産業、松下流通研究所、日本能率協会、日本生命、関西電力、大丸ピーコック、富士通、がんこフードサービス、NTT西日本、オートバックスセブン、そして大阪府や大阪市の公共機関など、たくさんの企業や自治体の教育指導に、これまで当たらせていただきました。

このように、私は、最初から明るくポジティブな性格ではありませんでした。だからこそ、人間関係で悩んでいる人、傷ついた心の人の気持ちが理解でき、そうした私がたどり着いたのが、「ありがとうございます」なのです。

問題は自分に気づくチャンス

「ありがとうございます」を唱えるようになると、だれでも不思議な変化に気づくはずです。

最初は、人生の枝葉にあたる部分で軽い変化が起こります。次に、感謝法によって、人生の本質的な幹の部分が以下のように変わっていくのです。

①マイナスの思いが消え、安心感に満ちてきて、嫌なことがなくなっていく
②自分にほんとうに必要なことや、やりたいことがわかり、人生が開けてくる
③感謝の心がわいてくる

①の代表的な例が、嫌な人が優しくなったり、いなくなったりすることです。「ありがとうございます」を唱えていると、不思議なことに自分が変わる前に相手や周囲が変わっていくことが多いのです。その結果、問題が消えてしまうのです。

苦手な上司を想定して「ありがとうございます」を唱えていると、相手の態度がガラッと変わってしまったりするのです。嫌みなことばかりいっていた上

司が、「いつも無理をいって悪いな。ありがとう」などと、急に優しい言葉をかけてくれたりします。

この言葉がきっかけとなり、上司に対するネガティブな思いが消失します。その後は、職場にギスギスした雰囲気がなくなり、関係がよくなるのです。

嫌な同僚が職場からいなくなるということも頻繁に起こります。不思議と、嫌な同僚が別の部門に異動になったり、支店に転勤したり、会社を辞めてしまったりするのです。もちろん自分の部署が変更することもあります。

恋人や家族にもこれと同じことが起こります。例えば、毎晩、お酒を飲んで帰る夫に文句をいうのをぴたりとやめて、「ありがとうございます」を唱えました。すると、ある日、「少し酒を控えようかな」などと、突然、夫がいい出したというケースもありました。

不満を抱えるということはすなわち、「自分の中の解決しなければいけない問題」の存在を示しています。逆にいえば、相手に不満を持ったなら、自分の内面を変えることによって、問題を解決できるという意味です。

自分の内面を変えることによって、周囲を見る視点も根本的に変化し、結果としてまわりの環境も変わり、現実も変化します。それは、**自分の視点、つまり価値観が変わると、口に出したり、心の中で思ったりするときに使う言葉が変わるからです。言葉が変わると、人生は必ず変わります**（次のチャプターで詳しくお話しします）。

また、病気や不快症状などが解消したり、改善したりしてしまうこともよくあります。自分の中の問題点を警告するためのシグナルが病気であるという考えが、東洋医学にはあります。この考えに立てば、自分の内なる問題点を解消すれば、病気は自然と治ると考えられます。

そのキーを握るのが「ありがとうございます」という言葉です。「ありがとうございます」を唱えることによって、心にあるマイナスの思いが解けて、病気も消えてしまうのです。

また、「ありがとうございます」を意識的に唱えることによって、現在、自分の抱える問題がより明確に見えてくるようになります。

人間関係であれ、経済状況であれ、なんであれ、問題とは、視点を変えれば、自分自身を成長させるためのハードルでもあります。このハードルをなんとかクリアすることによって、人生の階段を1つ上ることができるのです。

問題が何もなく、すべてがうまくいっている人はいません。また、そんな人は人間的な成長もないでしょう。問題は成長のチャンスです。「もっと伸びて花を咲かせよ」というプラスの意味に受け取れたら、問題の解決はすぐそこです。

こんなときこそ、「ありがとうございます」を唱えましょう。問題は一気に解決へ向かいます。**「ありがとうございます」は問題解決へのスピードを速める言葉なのです。**

まずは10ページにある基本のやり方にそって、「ありがとうございます」を唱えてみてください。あなたの道は、必ず開かれます。

Chapter 2

プラスの言葉で幸運が舞い込む

「ありがとう」で大きな贈り物を受け取る

「ありがとうございます」を唱えていると、自分の身のまわりにいいことがいっぱい起こるようになります。次に、そうした周囲の変化ではなく、自分の心の変化に気づくことでしょう。今ある幸福、自分自身に与えられた幸福に、心の底からふと気づくのです。

これはとても大きな発見です。意識変革ともいえるでしょう。

一般には、「ありがとうございます」とは、人から心や物によって施しを受けたとき、感謝を表すあいさつの言葉です。表面は日常的なシンプルな言葉ですが、意識的にくり返し唱えることによって、あなたはこの言葉の奥にある深い意味合いを感じるでしょう。

そして、あなたが、「今、ここで生きている」という奇跡に気づかされます。「ありがとうございます」を唱えることで、すでに大きな贈り物を受け取っていたことや、与えられていたことに気づき始めます。

「ありがとうございます」は「大きな贈り物を受け取る言葉」です。または、「大きな贈り物を受け取るためのドアを開く言葉」といってもいいでしょう。

日本経済が落ち込んでいるからといっても、これほど物があふれている時代はかつてありませんでした。私たちは、物質的な豊かさに気を取られ、ほんとうに大切なことを見失っているのではないでしょうか。

まるで毎晩、サンタさんがすてきなプレゼントを運んでくれているようなものです。クリスマスイブの晩、一晩だけならありがたかったはずのプレゼントも、毎晩になればあってあたり前になり、もらったことすらも忘れているのです。

人は、大切なものをなくしたときに、初めてこれまでの人生に感謝できます。例えば、病気になれば、それまで普通にできていたことが急にできなくなります。そのとき、人はそれまでできていたことの尊さに気づくのです。

「ありがとうございます」は、そんな日常の奇跡を気づかせてくれる言葉でもあります。毎日唱えていると、「ああ、今日も朝日の中で目覚められた。幸せ！」と喜びを感じられるような自分に自然となれるのです。

平凡な日常のくり返しに「ありがとうございます」を添えて日々を送りましょう。サンタさんのプレゼントに気づき、毎日に喜びと笑顔があふれてきます。

自己限定の言葉が未来を閉ざす

「ありがとうございます」を唱える前に、一つ約束をしてください。それは「自己限定をしない」ことです。

「ノミのサーカス」をご存じでしょうか？

ノミは、あの小さな体からは想像もできないほど高くジャンプすることができます。しかし、小さなガラスのドーム型のふたをかぶせてノミを飼育すると、ふたを外しても、それより高く飛ばなくなってしまいます。ふたのドームの高さを自分の限界だと学習し、自分の持つほんとうの能力を忘れてしまうのです。

また、「象の鎖」という例え話もあります。小象の足に、小象の力では引きちぎれない程度の細い鎖を結び、杭に縛りつけて飼育します。すると象は、力持ちの巨象になっても、その細い鎖を引きちぎれないのです。ノミのサーカスのノミと同様に、象は自分の持つ能力を勘違いして限定しているのです。

この2つの話を聞いて、笑えるでしょうか。私たちは、このノミや象と同じことをしているのではないでしょうか。

「自分は話下手だ」という人は、人前で思い通りに話せなかった経験を何度かしたことがあるはずです。そんな経験から、先のノミや象のように「自分は上がり症で話しが下手」というドーム状のふたで覆ったり、鎖を付け自分の本当の力が出ないようしているだけです。

「私は能力がない」という人でも、本気でやってみたら、自分でも驚くほどの偉業を達成できるのです。「気が小さい性質」というのも同じことです。本気で実行したら違う結果が出せるのに、恐れから自分には無理だと決めつけているのです。

自分で決めつけたら、そのことが潜在意識に刷り込まれ、必ずその通りになる。決意が人生のすべてを変える力を持つのです。

「やりたいけど自分は無理」と思えば、絶対にそれは「できない」ままなのです。病気にしても同じことです。「自分は腰が悪いので、○○ができません」などと、できない言い訳を体のせいにしていると、病気は治りません。

「ありがとうございます」を唱え始めようと思ったら、このような自己限定は絶対禁止です。禁止というと難しく聞こえますが、方法は簡単です。**マイナスの言葉、例えば「できない」「向いていない」「だめだ」などといった言葉を口にしないこと、そして心の中でもそうした言葉を使わないことです。**「ありがとうございます」を唱えていると、自然に自己限定の言葉が消えてゆきます。またうっかり言ってしまったときは「ありがとうございます」を数回唱えて、マイナスの言葉を消してもらいましょう。マイナスの言葉をいったあとすぐ「ありがとうございます」を唱えると、その言葉がキャンセルされるのです。

人生を開くキーを手に入れる

「ありがとうございます」を唱えても、ひとつもいいことが起こらないと文句をいってくる受講生や読者がいらっしゃいます。

例えば、収入が足りず不安をもっていた、永子さんは「ありがとうございます」によって、経済的に豊かになりたいと思っていたけど感謝法でその望みはかなえられず、不満を訴えてきました。話を聞いてみると「ありがとうございます」と唱えるようになってから、長年悩まされていた偏頭痛がまったく出なくなっているといいます。お金のことに気をとられ、身体の変化に気づいてなかったようです。

ここで紹介した永子さんは、「ありがとうございます」によって、お金が入るといった人生の枝葉の問題は実現できませんでしたが、人生の幹が根本から変わったのです。

「ありがとうございます」によって、どのような変化が起こるかは、人それぞれみんな違います。自分の期待通りの変化が起こるとも限りません。

しかし、ほんとうに必要なことが起こっていることには間違いないのです。だから、「ありがとうございます」を唱えたあと、どんな変化が起こるかについては天にお任せしましょう。

「ありがとうございます」をいくら唱えてもいい変化が起こらない人は、日常生活でたくさんのマイナスの言葉を使っています。その結果、「ありがとうございます」をいくら唱えていても、「ありがとうございます」のプラスのパワーをマイナスのパワーで帳消しにしてしまうのです。

少し考えてみてください。あなたのまわりの不幸せな人は、いつも「ああ、嫌だ」「うまくいかない」「疲れた」「また残業だわ」「あの人がいると足を引っ張られる」など、マイナスの言葉を山のように吐き出していないでしょうか。

それに比べて、幸せな人は、「よかった」「きっとうまくいくわ」「あの人はいつものんびりしてるから、とてもいい感じ」「お天気がよくて幸せね」など、自分の発したプラスの言葉に包まれ、周囲の人まで気分がよくなっていますね。

信じられないかもしれませんが、人は使う言葉によって生きています。口から出した言葉、そして心の中であれこれ思うときに使う言葉の通りに人生は進んで行くのです。**プラスの言葉を使えば、人生にプラスを引き出してくれます。マイナスの言葉を使えば、人生にマイナスを引き出します。これは重要な絶対法則です。**

何気なく無意識に使っている「言葉」が、現実を作り出しているのです。成功者は、この単純な仕組みに気づき、自分の使う言葉のパワーを活用しています。

言葉は現実の設計図です。言葉こそが、人生という倉庫の宝を引き出すカギなのです。

先日、あるセミナーの席でのことです。ある女性からこんな質問が出ました。

「私は、スーパーのレジ係で、毎日、それこそ何十回も『ありがとうございます』といっています。でも、私の人生は悪いことばかり起こって、ちっともよくなりません」

この方は、こういっては失礼ですが、見るからに不幸な感じがしました。間違いなく、日常生活に心からのマイナスの言葉が渦巻いているのです。質問の中にも、「悪いことばかり起こって」とマイナスの言葉を断定的に使用しているほどです。

接客のための「ありがとうございます」には心がこもっていません。しかし、心からの言葉は使った回数の3乗倍の力を発揮し、形だけの言葉は使った回数の2乗倍の力になるという法則があるのです。

ということは心のこもらない「ありがとうございます」も回数作戦でいけば

効果があるということがわかります。このレジ係の女性にも仕事で「ありがとうございます」をたくさんいっているおかげで、人生がこれ以上悪くなることを防いでいるのです。

ご自分では気づいてないけど、きっといいことだって起こっているはずですが、あまりにも多いマイナスのパワーに消されてしまうのでしょう。

「ありがとうございます」を唱え始めたならば、マイナスの言葉を控えることです。そうすれば、「ありがとうございます」のプラスのパワーが早く、そして大きく現れます。

思わずいってしまうような些細なマイナスの言葉には特に気をつけましょう。「私はよく寝坊する」「忘れっぽい」などという言葉も、その使用をやめると、その悪癖も徐々に消えていくのです。

「ありがとう」は不幸と手を切る魔法のナイフ

現在、悩みや不安、問題を抱えているのなら、まずはいったんそれらに関して考えるのをやめてください。そして、その悩む時間を「ありがとうございます」に割り振るのです。自分の問題が大きいと思うならばなおさら、「ありがとうございます」の回数をふやします。

不幸な人ほど、物事をマイナスにとらえ、そのマイナスに気持ちを集中させています。「ありがとうございます」を唱えることで、まずは身のまわりを客観的にとらえる準備ができます。

例えば、あなたが観光旅行に出かけたとしましょう。その最中に大雨が降ってきて、足止めになってしまったとします。

あなたは怒って不機嫌になる人でしょうか、それまでの予定を変更して旅行をうまく楽しめる人でしょうか。

不幸な人は、「ああ、自分はどこに行ってもついてない」などと、またもんもんとします。うまくいっている人は、「おかげで旅館でゆっくり温泉を楽しめる」「いい空気の中でボーッとするのもいいものだわ」などとポジティブに考えられます。

ものごとに対して、どうとらえるかは自由自在なのです。なのに、1つの見方に縛られていることに気づきましょう。

不幸を背負い込む人は、マイナスの考えをしっかりと強く握っているのです。思考がマイナスの輪を抜け出ることができず、「恋愛してもまた振られる」「行ったって楽しいわけがない」「私はこれをすると必ず体調を崩す」「そういう人は悪い人に決まっている」などとマイナス方向へ自分自身を誘導しているのです。

人間の手は何本もあり、それは肉体の手ではなくて、意識の手です。この手は、マイナスをつかむことも、プラスをつかむことも自由にできるのです。しかし、マイナスをつかんでいる人は、無意識にもそれをなかなか放そうとしません。

この手は、どこまでも伸びるゴムでできていると考えてください。マイナスをつかんだ手を放さない限り、どんなに努力してプラスに近づいても何かの拍子にゴムが縮み、一瞬にしてマイナスに引き戻されてしまうのです。

プラスの言葉を使うことにより意識のプラスをつかめば、現実は放っておいてもどんどんプラスへ向かいます。

ところが不幸な人は、長年、マイナスの言葉を使ってマイナスをつかんできたために自分がつかんでいることさえ忘れているのです。そのため、そう簡単に手を放すことができないのです。

例えば「健康が一番大切」と思っている人は意外にマイナス思考の人が多いのですよ。それは、「健康はすばらしい」という思いをつかんでいる人より、病気になった経験から、「病気はほんとうにつらい」というふうに病気をしっかり意識の手でつかんでいる人が多いのです。

でも安心してください。マイナスの手を切り、マイナスを手放させてくれるのが、「ありがとうございます」です。「ありがとうございます」を唱えていると、次第にマイナスから手が放れていくのです。

1つマイナスを考え、言葉に出してしまったら、「ありがとうございます」を10回唱えましょう。問題のある人ほど、マイナスを抱えている人ほど、回数を多く唱えてください。

悩み始めたら「ありがとうございます」をくり返し唱え、悩む時間を自分に与えないことが大切です。「ありがとうございます」はマイナスと手を切る魔法のナイフなのです。

無意識下の自己否定を消すと幸運が訪れる

また、「ありがとうございます」を唱えても、心の奥深くの無意識層に自己否定の感情を持っていると幸せにはなれません。

例えば、赤ちゃんが欲しくて「ありがとうございます」を唱え始めた不妊に悩む女性がいました。彼女は、「ありがとうございます」と唱えても唱えても、赤ちゃんはいっこうにできませんでした。話を聞いてみると、強い自己否定があることがわかったのです。

彼女の両親は、男の子を望んでいたのに、彼女を生んでしまいとても失望しました。そこで彼女は、「私が両親に不幸を呼び込んだ」と思い込んでしまったのです。赤ちゃんや幼児にも親の意識は言葉を通さずちゃんと伝わり、赤ちゃんの潜在意識に入ります。潜在意識に入ったことは本人も認識はしていないのです。

彼女の心の奥では、「赤ん坊は両親に不幸を呼び込む」という公式が、いつしか出来上がっていました。口では「赤ちゃんが欲しい」といいますが、無意識下では子どもなどできないほうがいいと思っていたのです。

根強い自己否定の気持ちは、子どものときにしばしば養われます。「兄弟と比較してできが悪い」「おまえは何をやってもだめだ」「勉強のできない子はいらない」などといわれて成長すると、自分自身を否定するようになります。

また私の場合もそうでしたが、望んでいないのに身ごもってしまった母親のつらい葛藤は、生まれた子どもの人格成長に致命的な影を落とします。母親に歓迎されて生まれた子どもと、母親に歓迎されずに生まれた子どもを比べると、後者のほうが自殺率が高いという報告もあります。

このように抜きがたい自己否定のある人が、「赤ちゃんができました。ありがとうございます」と唱えても、すぐには成就しません。「赤ちゃんができました」というプラスの言葉やイメージを、「嫌だ」とか「だめ」とかといった自己否定が消し去ってしまうのです。

強い否定を持っている人は、自分が幸福になることが信じられず、許せません。こんな場合はどうしたらいいのでしょうか。幸福を求めることが、かえってマイナスのトラウマを刺激するのならば、なるべくトラウマに触れなければいいのです。

先の女性に私は、「世界中の赤ちゃんや子どもの幸せを本音で祈れますか？」と聞きました。うなずいてもらえたので、「赤ちゃんができました。ありがとうございます」といっていた言葉を、こんな言葉に変えたらいいとアドバイスをしました。その言葉とは、「自分の子ども」ということには触れず、

「世界中の子どもたちが健康で幸せです。ありがとうございます」

です。すると、望みだった第一子が誕生したのです。彼女の中に、「赤ちゃん＝幸せ」という公式が出来上がったのです。

そして、**自分の幸せを求める「テイク」の心から、愛を与える「ギブ」の心に切り換えてもらったのです**（この「ギブ」と「テイク」については、のちほど詳しくお話しします）。

次のチャプターでは、「ありがとうございます」の唱え方を詳しく見ていき

ます。まずは、基本を押さえたうえで、「ありがとうございます」をくり返し唱えていきましょう。

Chapter 3

「ありがとう」の唱え方にはコツがある

簡単！ どこでもいつでも、心の中で唱えるだけ

「ありがとうございます」をくり返し唱えましょう。「ありがとう。ありがとう。ありがとうございます」でも結構です。

「ありがとう」ではなく、必ず「ありがとうございます」と唱えます。「ありがとう」では魔法の力が小さくなります。

また、「ありがとうございました」という完了形ではプラスのパワーをいったん止めてしまいます。「ありがとうございます」は、プラスのパワーがずっと続くのです。

口に出さず、心の中で唱えましょう。だから歩きながらでも、掃除中でも、通勤中でもＯＫです。特に効果的なのは入眠時です。入眠前には1分間でもいいので、目を閉じて心を集中して「ありがとうございます」を唱えましょう。

１００回で2～3分、１０００回で15～20分程度で唱えられます。２０００

回、3000回と、回数をどんどんふやしていきましょう。唱える回数がふえるほど、人生は大きく変わっていきます。1分間に何回唱えられるかをカウントし、10分で○回、1時間で○回を計算し、回数を数えるより時間を計って実行するほうがやりやすいかもしれません。

「ありがとうございます」を唱えるとき、大事な人や苦手な人の顔を思い浮かべながら行うのもお勧めです。「○○さん、ありがとうございます」と、具体的に名前を入れて唱えるのもいいでしょう。相手とのいい関係が期待できます。

また、「家族が仲よく元気です。ありがとうございます」など、自分がこうなったらいいなという願望のかなった様子をイメージするのもいい方法です。

ただし、「苦手(嫌い)でなくなりました」「経済苦から抜け出せました」「病気が治りました」など、「苦手」「経済苦」「病気」などマイナスイメージを含む言葉は、ふだんから使ってはいけません。「○○が好きです」「豊かです」「元気です」といったプラスの言葉をなるべく多く使用しましょう。

苦手なものや嫌いな人との関係を改善したいのであれば、「いい人たちに恵まれ、仕事を楽しくしています。ありがとうございます」「○○さん(嫌いな人の名前)、ありがとうございます」などと唱えましょう。唱える言葉にマイナスイメージのある単語を入れてはいけません。

あわせて、願望がかなって楽しいという自分の笑顔、関係改善を求める相手の笑顔、その相手がいる場所が明るく輝いている様子などをイメージするといっそう効果的です。現実に相手がそこにいるなら、相手に向けて、心の中で「ありがとうございます」を唱えましょう。

薬より効いて副作用がない

関係改善を考える相手が、もう嫌いで嫌いでたまらないといった場合もあると思います。気持ちのうえでも、「ありがとうございます」とはなかなかいえないものです。

そんな場合には、まずは形だけの「ありがとうございます」でかまいません。極端にいえば、「くそっ！　ありがとうございます」と唱えてもいいのです。

相手の顔をイメージするのも嫌悪感を覚えるのならば、後ろ姿をイメージして「ありがとうございます」と唱えてもいいでしょう。相手が目の前にいるなら、その後ろ姿に向かって心の中で唱えるのもいい方法です。

しかし、「ありがとうございます」をくり返し唱えているうちに、形に心が入ってきます。自然と「くそっ！」がとれてきます。相手の顔も、自分が思い描くイメージの中で笑顔になることもあるのですから不思議です。

「ありがとうございます」を無心に唱えているうちに、自己や他人を攻撃する気持ちや怒りがいつしか去っていきます。「ありがとうございます」は薬よりよく効いて副作用の心配もない、精神安定の呪文でもあるのです。いいえ、精神安定どころか、絶対安心の境地にも連れていってくれる言葉でもあるのです。

もう十数年前のある夜のこと、こんなことがありました。私は兄と激しいけんかをして怒りが爆発し心が傷つき、半ばパニック状態に陥っていました。心は砕け、涙がボロボロこぼれ落ち、もう自分が壊れる寸前です。笑顔セラピーを主宰しているというのに、情けない話です。

私はこのとき、彼に対して激しい怒りとともに「ありがとうございます」を心の中で必死に唱えていました。すると、思わず「大好き！　大大大好き！」と叫んでいたのです。

この言葉を口に出した途端、彼に対するとても温かい気持ちが戻ってきて、気持ちは落ち着きを取り戻していました。

私自身、「ありがとうございます」という言葉のすごさを改めて実感した出来事でした。

3カ月間集中法

一日に1000回、できれば5000回ぐらいを目標としてまず3カ月続けてください。

一日に5000回「ありがとうございます」をくり返し唱えていると、1カ月ほどで自分でも驚くほどの変化が起こってくるでしょう。まったく新しい自分に生まれ変わったように感じるかもしれません。最短距離で、自分の心や自分の周囲が変わっていくのを実感することができるでしょう。

これを実行した方は、まずこだわりがなくなります。理屈もないし、理論もなく、悩みなどひとりでに消えてしまうのです。

だまされたと思って、3カ月間だけは集中して、一日5000回「ありがとうございます」を唱えてください。音を立てるように人生が変化し、「なんだか幸せだなあ」という多幸感で心が満たされていくのです。

最初は何も起こらないと、いら立つかもしれません。しかし、このとき、あふれるような「ありがとうございます」のプラスのエネルギーが、あなたの人生に、おりのようにたまっていたマイナスのエネルギーを一気呵成に洗い流してくれているのです。

こうして、過去のマイナスが洗い流されると、あなたに次々と幸運が舞い込むようになるのです。

しかし、注意することが一つだけあります。「ありがとうございます」の好転反応です。物事がいい方向に進む前に、一時的に状況が悪化することがあるのです。

心の奥にたまったマイナスのエネルギーが一気に消えていくとき、そのエネルギーが一時的になんらかの形となって自分の身に降りかかってきます。

「ありがとうございます」を唱え始めたら、小さなプラスの出来事が立て続けに起こることがよくあります。しかし、ここで「ありがとうございます」をやめてはいけません。このときは人生がまだ根底から変わっているわけではないからです。人生の枝葉で変化が起きているのです。

しかし、**人生の幹が根っこから変わるときには、深く沈んでいたマイナスのエネルギーが一挙に浮上してきます。隠れていたゴミが突然出てくるように、マイナスのエネルギーを大掃除する際には、一時的にマイナスの現象が起こることがあります。**

体調が悪くなったり、嫌な出来事が起こったりします。しかし、心の奥にたまったマイナスのエネルギーが消えたあとは、安心感と幸福感で満たされるようになります。**人生がみるみる変化し、どんどん幸運がやってきて、何もかもが輝いて見えるようになるのです。**

「ありがとうございます」によって、好転反応が出てきても、そこで立ち止まらないでください。継続することによって、必ず人生は開けてきます。

コラム **こんなときに唱えよう「ありがとうございます」**

＊いちばん近しい人たちや大切な人に「ありがとうございます」を唱えましょう。日ごろ、口に出していえずにいた感謝の気持ちがわいてきます。

＊職場や周囲にいる人たちに「ありがとうございます」を唱えましょう。ふだん当たり前だと思っている関係に、感謝や親愛の気持ちがわいてきます。

＊周囲の苦手な人に「ありがとうございます」を唱えましょう。関係の改善が期待でき、あなたも人間的に成長できます。

＊初めて会った人に「ありがとうございます」を唱えましょう。

＊喜んでいる人や幸福を感じている人に「ありがとうございます」を唱えましょう。人の幸せを我がことのように喜ぶと、自分にも同じ幸せがやってきます。

＊恋愛や人間関係が終わった相手に「ありがとうございます」を唱えましょう。恋愛が終わってもまだ未練があるときは特に、「ありがとうございます」をいいま

しょう。裏切られたと思っているときには、恨み心が吹っ切れるまで特に丁寧に行います。マイナス感情を残すと、あなたの将来に影を落とします。

＊病気の人に「ありがとうございます」を唱えましょう。「ありがとうございます」の奥義は祈りです。ある外国の医師グループが、祈りのパワーが病気を快方に向かわせたことを報告しています。

＊よく目にするスーパーの店員さんや駅員さんなどに「ありがとうございます」を唱えましょう。名も知らぬ多くの人々が、あなたの生活を支えてくれています。

＊自分自身の体の各部位に「ありがとうございます」を唱えましょう。よく働いてくれたことに感謝を伝えましょう。

＊眠る前の2〜3分間だけでも、目を閉じて集中して「ありがとうございます」を唱えましょう。入眠前に唱えた「ありがとうございます」は、一晩中、心の奥深くに響き続けてすばらしい睡眠を確約してくれます。また、入眠前は自分の思ったことが潜在意識に入りやすい時間でもあります。「ありがとうございます」は

快眠の言葉でもあるのです。

＊毎日の生活に「ありがとうございます」を唱えましょう。毎日の無事な生活に感謝しましょう。また、自分の暮らしを支えてくれているパソコンや時計、電化製品、衣類、車、などさまざまな物にも感謝します。

＊食べ物に「ありがとうございます」を唱えましょう。食べ物に恵まれたことに、そしてあなたの食べ物となってくれたものに感謝します。

＊水に「ありがとうございます」を唱えましょう。飲料水や洗いものをする水、おふろの水、川など身近な水に感謝します。水は生命の源でもあります。

＊自分のいる場に「ありがとうございます」を唱えましょう。家や部屋、職場、学校、土地など、自分の今いるこの場に感謝します。

＊こうなったらいいと思う願望に「ありがとうございます」を唱えましょう。やり遂げたい仕事、行ってみたい場所、理想の家庭など、実現したい夢をイメージして「ありがとうございます」で祈ります。

＊トイレで「ありがとうございます」を唱えましょう。トイレは、出しては入る大切な循環の空間です。一大循環は、宇宙の法則、そして命の法則そのものです。トイレでは、一生懸命働いてくれている自分の体に、掃除してくれた人に、排泄チャンスを与えてくれたこの空間に感謝します。

＊マイナスのエネルギーを感じたときに「ありがとうございます」を唱えましょう。負のパワーを消し去り、プラスのエネルギーで満たしてくれます。

＊ペットや植木、お花に「ありがとうございます」を唱えましょう。「いつもいいエネルギー(愛)で癒してくれてありがとうございます」の気持ちでくり返します。ペットは元気になり、お花は美しく咲き続けて長持ちします。

＊今日も生かされていることに「ありがとうございます」を唱えましょう。いちばん大事な感謝の心です。

＊世界人類の幸せと平和のために「ありがとうございます」を唱えましょう。

Chapter 4

仕事の悩みを解消し 天職を見つけるために

グループからはみ出してしまう

笑顔セラピーを訪れる女性の多くは、職場の人間関係で悩んでいます。「仕事で人間関係がうまくいかない」「今の職場は私に合わない」「上司と合わない」「意地悪をされている」などと訴えます。

つまり、職場の人間関係がうまくいっていないために、職場も仕事も楽しくない、だから仕事も合わないと感じることが多いのではないでしょうか。

特に最近では、職場のグループに関する悩みが目立ちます。

例を挙げれば、職場に自然とできてくるグループに入れなかったり、誘ってもらえなかったり、溶け込んでもうまくしゃべれなかったりするので、職場で浮いているという悩みが多いようです。グループに入れないと、昼食も一人、アフターファイブも一人と、いつもさみしく孤独を感じてしまいます。また、プライドが傷ついてみじめだ、孤立していつも緊張するなどと感じます。

一方、職場のグループにうまく入っている人も悩みを訴えます。グループには入っているが、噂話ばかりでつまらない。タレントやブランド物のことなど興味がないのに、そんな話ばかりで、楽しく会話しているふりが疲れる。グループの仲間同士で気を使い、イライラすることがあってもいえないのでストレスがたまる――といったような悩みです。

つまり、グループに入れようと入れまいと、ストレスはどんどん大きくなっていきます。気持ちはふさぎがちになって、抑うつを感じ、職場に行くのがつらくなる。自分を変革し、上手におしゃべりができ、だれとでも明るくつき合える人になりたいと、彼女たちは私に打ち明けます。

そういうときはとにかく、「ありがとうございます」をくり返し唱えることを勧めています。私は心理カウンセラーなので、心理的なアプローチで悩みの解決を計ることも可能ですが、それでは絶対にうまくいくとは限らないし時間もかかります。感謝法作戦のほうが、何倍も効果が早く出るし確実に変化するのです。これは私の長年の経験からはっきりいい切れます。何か対策を考えたり、自分の性格に問題があるのではないかなどと分析したりする前に、職場のグループの人たちや日々がんばっている自分に「ありがとうございます」をいえばいいのです。

しばらくすると、何かが変わってくるはずです。グループにすんなり入れ、会話も楽しくなってくるかもしれません。グループに属さなくても元気で幸せになってくることもあるでしょう。自分と合う友人ができることもあります。また、「ありがとうございます」を唱えているうちに、あなたに新しい夢が生まれてくるかもしれません。この夢を追いかけられるようになれば、グループに入れるかどうかなどは、大きな問題ではなくなっているはずです。

どのような結果が出るかは、天の采配です。人智の及ばぬところですが、「ありがとうございます」を唱え始めれば、あなたが幸せな方向に歩み始めていることは間違いありません。

笑顔とあいさつは万能薬

人間関係をスムーズにしたいのであれば、「ありがとうございます」以外にも、笑顔であいさつを心がけてください。**「ありがとうございます」と笑顔であいさつすれば、たいていの人間関係はスムーズになります。**

チャプター1でもお話ししましたが、私も幼児向け教材のセールスがうまくいかないとき、笑顔の練習をしました。また、会う人ごとに大きな声であいさつをしました。すると、知らぬ間に自分自身も自分のまわりも明るくなり、人が近寄ってきやすくなります。

職場のグループ問題で悩んでいるような人の多くは、雰囲気が暗いものです。暗い雰囲気を持つ人は、心の扉を閉ざしているので、とても話しかけにくいのです。最初は元気なふりでもかまわないので、大きな声でのあいさつと笑顔の練習をしましょう。すると、必ずまわりから話しかけられるようになってきます。

大きな声を出すと、心の内なるパワーが前面に出て相手に伝わると同時に、不思議と自分も元気になるものです。元気になりたいときは、元気なふりをするのがいちばんいい方法なのです。

私は、笑顔セラピーでは「笑顔体操」をします。ここで、その体操を2つお教えします。87ページのイラストを参考に行いましょう。一日に2分間だけでも行えば、すてきな笑顔を作れるようになります。

笑顔体操①

ほおに斜めに付いている大頬骨筋という筋肉を、耳の方向に引き上げます。具体的には口の端、口角を上げる、戻すをくり返します。鏡で見ると、口の形がU字型になるように体操します。

笑顔体操②

目のまわりにある眼輪筋という筋肉を、意識的に動かします。ほおの上部を押し上げるようにします。具体的には、強くウインクをすればいいでしょう。ただし、ウインクをする際、目を完全に閉じてはいけません。最後は目を細く開けるようにウインクをします。目を閉じてしまうと笑顔になりません。

左右それぞれウインクの練習をし、次に両目のウインクの練習をします。


この2つの笑顔体操をすると、意識的に動かした顔の筋肉や顔面にたくさん点在するツボが刺激を受けて、脳に指令を送ります。すると、脳波はα波（満ち足りているときや精神が安定しているときに見られる脳波）に変化し、脳前方の左半球が活性化するのです。

人間は悲しく辛いときは脳前方の右半球、楽しいときは脳前方の左半球が活性化します。つまり、笑顔体操をすると、幸せのスイッチがオンになるのです。楽しいときの表情を作ると、心も楽しくなれるのです。

脳波がα波になると、「脳内モルヒネ」と呼ばれるホルモンが分泌されます。

このホルモンが、幸せで楽しい気分を作り出すのです。

そのほか、α波のときには、病気に抵抗する力である免疫力も上がります。意志と無関係に体の機能を調節する役割の自律神経のバランスがとれ、とても健康になることがわかっています。

笑顔や笑いによって健康になることは有名ですが、要するに、作り笑顔でも同じ効果があるのです。動物は笑えませんが、人間は笑うことができます。これは神様から授かったすばらしいプレゼントなのです。**これは人間は自分の意志で自由に幸せを選びとれる、ということです。言葉を選び、笑顔をつくることが人間として自立して自由自在に幸せに生きることなのです。**

笑顔のためにも、「ありがとうございます」を唱えることはやはり大切です。「ありがとうございます」をたくさん唱えることは、心の笑顔体操だといえます。

「ありがとうございます」を唱えていると脳波はα波になり、心も癒され明るくなります。だから、自然と笑顔になれるのです。

◎笑顔を作る顔の筋肉

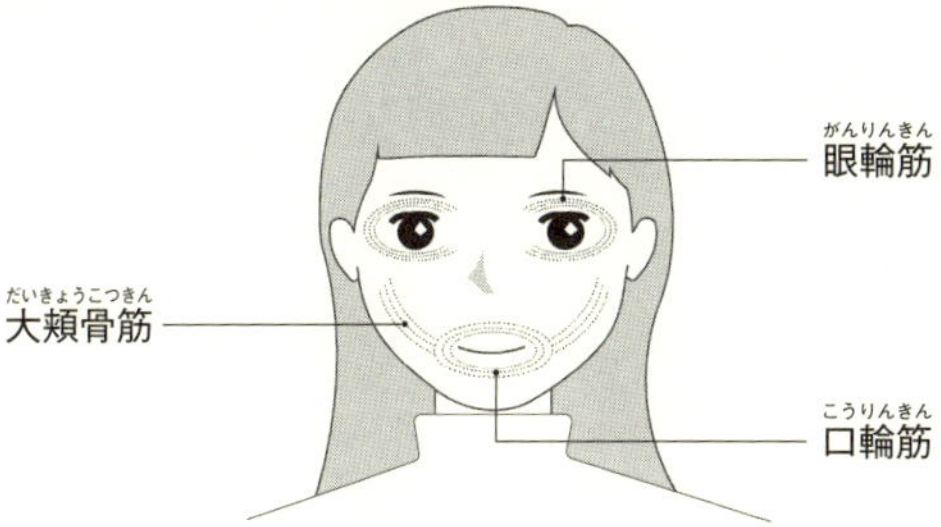

◎2つの笑顔体操

笑顔体操①

ほおに斜めに付いている大頬骨筋という筋肉を、耳の方向に引き上げます。具体的には口の端、口角《こうかく》を上げる、戻すをくり返します。鏡で見ると、口の形がU字型になるように体操します。

笑顔体操②

目のまわりにある眼輪筋という筋肉を、意識的に動かします。ほおの上部を押し上げるようにします。具体的には、強くウインクをすればいいでしょう。ただし、ウインクをする際、目を完全に閉じてはいけません。最後は目を細く開けるようにウインクをします。

左右それぞれウインクの練習をし、次に両目のウインクの練習をします。

笑顔体操をしながら「ありがとうございます」を唱えると、双方の大きな相乗効果を生み出し、さらに効果的になります。

相性の悪い人こそ、自分の鏡

人間関係のうえで、相性のいい人、そして相性の悪い人とは、実はどちらも引き合う波長を持っているといえます。ある面では、とても似ている人といえるでしょう。

相性のいい人はもちろん、あなたをいじめる人、相性の悪い人は、ある面ではあなたとよく似ているのです。だから、イジメ役・イジメられ役はデコとボコの関係でぴったりかみ合い、縁が強く結ばれるのです。

あなたを怒らせる人というのも、やはりあなたと引き合う波長を持っています。その人の言葉にあなたはひどく怒りを感じるのに、別の人が同じことをいっても何も感じないということがあります。あなたを怒らせる人は、あなたの怒りのツボを刺激する波長を持っているからなのです。

人間関係に不具合を感じたならば、何はともあれ「ありがとうございます」を唱えましょう。

「ありがとうございます」を唱えるのに抵抗があるときは、最初は「くそっ！　ありがとうございます」でもかまいません。「くそっ！　ありがとうございます」でも唱えているうちに、心は平常心を取り戻します。

平常心を取り戻したら、相手をイメージして、「ありがとうございます」をくり返し唱えましょう。相手の後ろ姿に向かって「ありがとうございます」と唱えてもＯＫです。

最初の変化として、相手が何か一言、優しい言葉をかけてくれたり、お礼やあいさつをしたり、自然な会話が生まれます。「いつも悪いね」とか、「忙しいところ申し訳ないけど、コピーをとって」とか、それまでにはなかったねぎらいの言葉があったり、突然、「ありがとう」といってくれたりします。

または、相性の悪かった上司や同僚などが急に異動になってしまったり、目の前から消えてしまうかもしれません。

実をいえば、相性の悪い人とは、互いの持つ問題が同じポイントにあるのです。自分の問題の根っこが「ありがとうございます」で心から消えると、同じ波動で引き合っていた相手と合わなくなる分、自分の鏡であった嫌な相手は、その役割が不要になり消えるようです。

チャプター1でもお話ししましたが、〝問題〟とは、あなたが成長するための**ハードルです。あなたの能力を引き出すために、ハードルがあるのです**。ですから、難題に突き当たったとき「簡単に乗り越えられても自分の成長はない」くらいの気持ちで、「ありがとうございます」を唱えることに真剣に取り組んでみてください。相性の悪い人こそ、あなたを成長させてくれる鏡なのです。

いちばんいけないのは、失敗することではなく、失敗を「人のせい」にすることです。問題や失敗はすべて「自分のもの」です。

「社内の人間関係が悪いので会社を辞めた」「意地悪な人がいたから仕事がうまくいかない」「あの人のせいだ」と考えていては、自分の本当の問題は消えていません。そのため、どんなに転職をくり返そうと問題が起こってきます。

「ありがとうございます」を唱えることによって、内にあるマイナスを消しプラスのパワーを呼び込み、自分を変えていきましょう。その先に、あなたの人間的な成長と幸運があるのです。

些細なことでもパワーを発揮

仕事のうえで迷うことは限りなくあります。

例えば、A社を選ぶかB社を選ぶか、会議の場で意見をいったほうがいいかどうか、上司にどんな対応をしたらいいのか――どんな些細なことでも、迷ったら「ありがとうございます」を唱えましょう。

「ありがとうございます」を唱えると、直感力が働き、叡智がわき上がってきます。すると、自分の取るべき対応がわかってくるのです。

また、「ありがとうございます」を唱えていると、問題そのものが意味を失ったり、消えてしまったりすることもあります。

現在の仕事を辞めたくなったときも、「ありがとうございます」を唱えてください。そうするとネガティブだった気持ちが解消され、今の会社での目標も生まれてくることもあります。もちろん、負の気持ちが解消されるので、仕事に行くことがつらくなくなり、毎日が楽しくなることもあります。

しかし、「ありがとうございます」でリストラにあったり、仕事が行き詰まったりすることもあります。しかし、それはマイナスの出来事ではありません。一時的な好転反応(事態がいい方向に向かう前に一時的に状況が悪化すること)なのです。

一時、トラブルが起こったとしても、その後自分にぴったりの仕事がやってきたり、とても安らいだ気持ちになったりします。**本来、自分の進むべき方向へ導かれるのです。**

また、急に職を失った場合には、その現職業が、実は自分の利己的な欲望のみから選んだ職業だったのかもしれません。そうした利己的な欲望を捨て去り、ほんとうの幸せをつかむために、一度、キャンセルの必要があったのです。我欲こそが、大きなマイナスを呼び込むマイナスのエネルギーなのです。

行き詰まりを感じたときも、「ありがとうございます」を唱えましょう。

行き詰まりとは、価値観の偏りです。マイナスを握り締め、ゆがんだ結論を出したときには行き詰まりが起こります。

「ありがとうございます」をくり返せば、からまった糸も必ず自然とほどけていくでしょう。

お金の流れを清めると運が開ける

あなたが仕事に求める究極の目的はなんでしょうか。

もし、多くのお金を得ることを目的としてこの本を読んでいるのならば、残念ながらすぐに閉じてください。「ありがとうございます」を唱えてもその夢をかなえることはできません。

職業を通して自分を高めようと、「自分を高めるいい仕事に就けました。ありがとうございます」という言葉をくり返し唱えることはいいことです。しかし、「お金がたくさんもらえる仕事に就けた」「お金をたくさん得られた」「お金をたくさん貯めて大きな家に住めた」など、お金もうけのために「ありがとうございます」を唱えることはお勧めできません。また、「ありがとうございます」を真剣に唱えていれば、お金への欲望が少なくなってきます。

残念なことに、今、社会に流通しているお金はマイナスのエネルギーを運んできます。お金がふえることは、マイナスのエネルギーをため込むことと同じなのです。

お金を貯めたり、ふやしたりすることを目的にした途端、あなたにマイナスのエネルギーが働き始めます。

「お金はマイナスのエネルギーを運んできます。お金持ちになった人は、だいたい不幸になっています」と、私はある講演会でお話ししました。すると講演後、ある男性が私のところにやってきて、「先生のお話は間違っています」というのです。

何か間違っているのかと尋ねると、男性はこう言いました。

「だいたいではありません。お金持ちは、全員不幸になっています」

その男性に職業を聞いてみると、資産家のお客様専門の証券マンということでした。お金持ちのお客様の内情をよく知っているからこそ、「一言いっておきたかった」と私に話してくれたのです。

お金をプラスに使う方法

お金がマイナスのエネルギーを帯びているのには理由があります。人間が作り出したものでもないのに、地球上にあるものの多くは値段が付いています。しかし、これらは、本来値段のないものです。空気や水、魚、動物、植物、果実、木の実、キノコ、海藻など、みなただなのです。

「ありがとうございます」にしっかりつながると自分のお金の流れが清まり、入ってくるお金がプラスのエネルギーに変わります。そして、プラスのお金をまた、社会に流してゆくことになります。自然にお金への執着もなくなります。そして不思議なことに必要なお金も物も自然に入ってくるように変わってゆくのです。

人間はそれらに値段を付けました。本来ならば、地球上に豊富にあるものですから、奪い合いの競争もありません。豊かな地球の贈り物は、プラスのエネルギーによってもたらされる調和の産物なのです。

それに引き替え、人間が作り出したお金は有限です。同業他社がもうかれば自社は売り上げが落ちる、ライバルの同僚が出世して給料が上がれば自分の出世のチャンスがへり結果として給料も下がる。このように、片方がもうかればもう一方がマイナスになります。

そこで競争が生まれます。競争のエネルギーは、極度のマイナスのエネルギーなのです。

現代のような競争社会では、人は一生、お金のために走り続けることになります。そこでは、勝つ者も負ける者も、多くのエネルギーを吸い取られます。

競争があたり前になった現代では、このような社会の実態になかなか気づきません。お金がふえ、得をしたと思っているけど、実は大損を引き込んでいるのです。

これまでの日本では、出世してお金をたくさん稼ぐ人が勝者だと思われてきました。しかし、現実を見渡したとき、その考え方が間違いであることに多くの人が気づくようになってきました。

お金によってもたらされるのは、「幸福」ではなく、「好都合」なのです。好都合とは、快楽を得るということです。おいしいものを食べたり、いい家に住んだり、遊びを楽しんだり、人に認められ安心・安定をした暮らしを手に入れたりすることで、人は快楽を得ます。

快楽とは、突き詰めていえば、「脳内モルヒネ」というホルモンによって得られる感覚です。麻酔剤などに用いられるモルヒネとそっくりの働きのあるホルモンが脳内で分泌された結果、快楽がやってきます。

しかし、この快楽も長くは続きません。脳内モルヒネが分泌され続けてしばらくすると、「ギャバ」という抑制物質が出て、その分泌を止めてしまいます。いわゆる「飽きがくる」という状態です。

飽きがくると快楽が味わえなくなるので、それ以上の強い刺激を人はまた求めます。つまり、もっと楽しい、もっとおいしい、もっとおもしろい、楽しい状態を求め、その欲求は徐々にエスカレートしていくのです。

これでは、いつになっても満足はできません。だから、「好都合」では、一時的な幸福感は得られても、永続的な本物の幸せは得られないのです。

また、お金が集まる場所には、「我欲」が渦巻いています。この我欲こそ、マイナスのエネルギーそのものなのです。エゴイスティックな我欲がお金を求め、お金が我欲を高めます。

不思議なもので、お金があればあるほど、もっとお金が欲しくなるという現象が現れるのです。あれが欲しい。それも欲しい。もっと贅沢をしたい。お金を持ってもっと偉くなりたいなどなど――お金がたまるほど、我欲は増長し、悪循環を招きます。

「金は魔物」とか「金は人を亡者にする」とかいいますが、お金の持つエネルギーはそれほど巨大なのです。そのため、自己をコントロールすることができない人がお金を持つと、一生、お金に翻弄されてしまうのです。

そして、お金を持つと、まわりにお金を欲しがるマイナスのエネルギーを持つ人が群がってきます。すると、相乗効果でマイナスのエネルギーはますます強くなり、大きなトラブルを引き起こすことにもなりかねません。

お金のエネルギーに振り回され、その意味や使い方をはき違えると、必ず大きな幸せを逃します。目の前の好都合を、幸せと間違えて追いかけてしまいます。

残念ながら、この本を読んでもお金持ちにはなりません。しかし、**お金持ちになる以上に、人には大切なことがあります。**

それは、自分の一生の仕事を見つけることです。自分の人生に与えられたミッション「天職」を見つけることのほうが、よっぽど大事です。

天職に就くことができれば、お金持ちにはなれないかもしれませんが、食べるのに困ることは絶対にありません。何より、自分がやりがいを感じ、その天職を通して多くの人に喜びを与えることができるのです。

そのときには、やはり脳内モルヒネが分泌され、いい気持ちになります。しかし、自分の働きで人に感謝されたときだけは抑制物質ギャバが出ないので、脳内モルヒネが分泌を続け、至福の境地を味わえるのです。

そして「ありがとうございます」で天職に導かれ、その仕事のために必要なお金は必ず循環してきて、必要経費をまかなうことができ、また出てゆきます。天職は愛によって愛のためになされるので、入ってくるお金も、人々を豊かにする愛の宿ったお金なのです。いま地球人類に必要なこの愛の一大循環を作るのが「ありがとうございます」の言霊なのです。

生まれてきた意味は天職にある

天職を見つけ、天命に生きることは、あなたの人生の最重要事項のことです。

生まれながらに授かった個性や能力を生かして、社会の人々の幸せのために貢献し、あなたに最高の喜びをもたらしてくれる仕事に携わることが、天命を生きるということです。

天職に就いているときは、楽しく、集中でき、自分がリラックスできます。その仕事に、全身で本気で向かえます。また、人は本気で全力投球で生きてこそ、本物の幸せを感じることができるのです。

また、最初に断っておきますが、天職は「ボランティア」であったり、「主婦業」や「母親の役割を果たすこと」であったりすることもあります。「仕事」と表現しますが、いわゆるお金の得られる職業ではない場合もあるのです。

あなたがまだ、自分の一生を捧げることのできる天職と呼べるものと出合っていないなら、「天職なんて、あるのだろうか。あるのなら知りたい」と思われることでしょう。

自らの天職を知りたいと思うのならば、「ありがとうございます」を唱えましょう。「ありがとうございます」をくり返していると、自分の進むべき道が自然とわかってくるのです。

「ありがとうございます」を唱えていると、無限の叡智が働き始め、自分の天職に関する情報が意識のうえに直感として上がってくるのです。また、運命の流れが変わり、必要な人や情報、チャンスと出会うことができ、天命へと誘導されていくのです。

また、「ありがとうございます」に加えて実践してほしいことがあります。今、目の前の仕事、学業、また主婦業でもかまいませんが、そのことに専心してください。自分の果たすべきいろいろな仕事の中で、もっとも好きな部分、得意なことに101％以上の力を注ぐのです。

例えば、あなたが販売の仕事をしていて、もっとも得意なことは苦情処理だとしましょう。そんな場合には、苦情処理をするときは本気になり、120％の力、ときには200％の力を注いでください。事務職で、コンピュータへの入力を得意とするのならば、全力を賭けて入力技術の高い人になってください。すると、100%を超えた分、20%なり、100%なりの力が、自分を天職へと導いてくれるのです。

私は事務職のアルバイトをしているとき、自分自身がお茶で皆を癒すことが好きなので、お茶くみの仕事を全力でやりました。

紅茶の好きな人のためには、レモンのスライスにブランデーを振りかけたものをラップに包んで自宅から持っていきました。コーヒーならば、アメリカンが好きなのか、ブラックが好きなのか、砂糖やミルクは入れるのかなど、各人の好みを覚えて心をこめていられるようにしました。すてきな茶器なども自腹で購入し、社内のみんなにお茶の時間を楽しんでもらいたいと思ったのです。

すると、私のいれるお茶がおいしいと、社内で喜ばれるようになり、正社員にならないかと会社の上部の方からお誘いを受けたことがあります。みんながばかにするようなお茶くみの仕事でも、全力を注げば、天職へのワンステップになるかもしれないのです。

自分が101%以上の力を注いだところで、だれが見ているわけでもないし、だれかがお礼をいってくれるわけでもありません。しかし、不思議なことに、この行為が天職に向かう流れを作るのです。

なお、一時の好都合を求め、お金や地位を願っていたら、天職にはたどり着きません。なぜなら、天職と我欲はもっとも縁遠いものだからです。

天職を見つける3つのステップ

ここで、あなたが天職を見つけるための3つのステップをお教えしましょう。

「ありがとうございます」をくり返し唱えながら、このステップを上がっていけば、必ず天職へとたどり着きます。

①目標を決める

とりあえずでもかまいませんので、自分の目標を決めてください。この目標は天職かどうかわからなくてもいいのです。

また、目標が決められないようならば、それでもかまいません。②へと進んでください。

「ありがとうございます」を唱えていれば、間違った方向には進みません。「ありがとうございます」を真剣にくり返し唱えてください。

②101%以上の力を注ぐ

今、目の前にある仕事や学業、家事に、101%以上の力を注ぎ込みましょう。

101%以上の力とは、「これ以上やったら倒れる」「考えて考えて、これ以上のアイデアは浮かばない」くらいの自分の体力、叡智、工夫などの限界を超えることです。過去に自らが体験したことがないというほど、とにかく全身全霊で取り組んでみてください。

全力を注ぐとき、お金の計算などしていてはだめです。「ここまでがんばるほどお給料をもらってない」などと考えて力を出ししぶっていたら、天職にはたどりつけません。

１０１％を超えるとは、時間的に、あるいは労力的にだけではなく、やり方の工夫、アイデアの面かもしれませんし、仕事に対する真心かもしれません。社内のだれもやったことがないことを、リスクを背負って自己責任でやることかもしれません。ただし、そのことだけにかまけているのではなく、ほかの仕事も責任を持ってきちんとやるべきであることは当然です。

「お得意様の名前をすべて覚えていて、電話の声で即座にだれだかわかり、相手に合わせたあいさつができる」「３６５日、明るい笑顔で接客する」「宴会係は必ず買って出て、最高の演出を工夫する」など、やっていくうえで自分の得意分野や能力が生かされてきます。

また、「どうもこれが気になるので改善したい」「このことだけには、まるで自分じゃない力が出てきて邁進してしまう」といった状態で自然に101％を超えてがんばってしまうことが多いのです。

仕事に101％以上の力を注ぐと、「ぬるま湯ゾーン」からの脱出が図れるのです。上司にいわれた仕事をいわれたように、できる範囲内で自分なりの工夫も加えずにやっている人が浸かっているのが、ぬるま湯ゾーンです。まじめに仕事をしていても、工夫もなしに、毎日、同じやり方で同じようにただ仕事をこなしているだけの人が浸かっている領域です。

ぬるま湯ゾーンにいたら、人生になんの変化も生まれません。あなたが今の生活がおもしろくないと思っていたとしたら、それはぬるま湯ゾーンに浸かっているからなのです。ぬるま湯ゾーンを脱出すれば、自分なりの工夫や目標が発揮でき、効率のいい、質の高い仕事ができるようになるのです。

また、101％以上の力を注ぐと、直観が生まれます。ひらめきもわきます。「こうしたい」「こうしたらいいのではないか」という知恵が自然とわいてきます。

このように、潜在能力が発揮されてくるのは、自己の限界を超えたときだけです。自己の限界を超えたときに、自分の専門分野の能力が蓄積されていくのです。

③流れに乗る

自分の限界を超えて、目の前のことに力を注いでいると、ある日、突然、道が開けてきます。チャンスがめぐってきたり、いろいろ不思議で幸運な偶然が起きるのです。

次には、その流れに身を任せて乗りましょう。

そのときは、それが「天職への道が開けた」とはっきり理解できないかもしれません。でも、ぐずぐずとためらっていてはいけません。「ありがとうございます」を唱えていた結果の流れなら、間違いはないのです。

また、流れに乗るときに、自分の都合や損得の計算を優先してはいけません。こういう計算をしていると、流れに乗り損なうからです。

その流れに身を任せれば、もうあなたの天職はその先にあります。もちろん、流れに乗ったあとも、「ありがとうございます」は手放してはいけません。

さまざまな分野で天職を見つけた人の話を聞いてみると、必ずこの3つのステップを体験しています。

しかし、**みんな心の奥では、自分の天職をほんとうは知っているのです。しかし、多くの人は年齢を重ねるにしたがって自己を限定するようになり、天職を忘れてしまっているのです。**「これは私にはできない」「条件が合わない」「仕事(人生)とはこんなもんだ」などと思っているのです。

そうすると天職への流れは訪れません。

なかなか天職へと向かう流れが訪れないという人は、目の前の仕事に限界を超えるような力を出し切っていません。本気で生きていないのです。私たちは「本気」で生きるために生まれてきたのです。

人のためになることで、自分のできることとならなんでもいいのです。道に落ちているゴミを拾うことでも、会社のお掃除をすることでも、整理整頓でもいいのです。ありったけの力を注いでみてください。

流れに乗ると天職へ導かれる

私も、笑顔セラピーを開くまでに、この3つのステップを体験しています。チャプター1でも簡単にお話ししましたが、笑顔セラピーを開く前、私はある会社で社員教育や接客指導の講師をやっていました。

その会社とは顧問契約を結び、収入も安定していました。その会社で、私は目標としていた「接客の先生」をしていたのですが、その契約の仕事内容に満足ができませんでした。

というのは、決められた日数出勤するのですが、教育セミナー以外の時間はすることもなく、与えられた自分の席に座り、時間を適当につぶしていけば、その日が終わってしまうような日々でした。まさに、ぬるま湯ゾーンです。

そんなとき、ある自己啓発の会に参加するようになりました。会を運営していたボランティアメンバーは個性的な性格の人が多く、私にとってとても刺激になりました。自己啓発そのものより、メンバーの生き様に魅力があったのです。

しかし、その自己啓発の会では私もボランティアで世話役をやっていたので、ときとして自費を出してまで会を維持する必要がありました。また、この会は、仕事のあるウィークデーにも開かれていたので、日によっては、顧問先の仕事と重なり自己啓発の会を欠席せざるを得ません。

そのうち、仕事と自己啓発の会の日程がぶつかることが多くなってきました。私は、どちらかを選ばなくてはやっていけなくなりました。

母子家庭の家長としての生活を考えれば、顧問料をもらえる仕事を取るべきです。しかし、無謀にも、私はその会を選んでしまったのです。

その後、この自己啓発の会の活動の一つに、「笑顔教室」というセミナーが誕生しました。そして、私がそのセミナーを担当するようになったのです。

笑顔教室は、その後は会から離れて、独自に動き出すようになりました。運よく、NHK大阪文化センターというカルチャーセンターで「笑顔セラピー」と名前を変えてやらせてもらえることになりました。

私は笑顔セラピーのカリキュラムを、試行錯誤しながら充実した内容にしたいと思い、101%を超え、限界を超えて働いていました。それから、笑顔セラピーを本物に育てたい、受講生の皆さんと心から笑顔いっぱいの人生に導きたいと切望し、夢中の30年間が始まったのです。

笑顔セラピーを開いた当時は、親子3人が食べていけるのかどうかという見込みも、計算もあったわけではありません。ただ直観で、流れを感じ自己啓発の会を選んだのです。

もしあのとき、生活費のために顧問契約をしている会社を選んでいたならば、笑顔セラピーは生まれなかったでしょう。

先の顧問契約会社を辞めた直後、「がんこフードサービス」という大手外食チェーン会社の社長に出会って顧問契約を結んでいただき、生活を維持する目処がつきました。がんこの社員の質は高く、教育の仕事内容でも成長できました。道は開かれたのです。

小嶋社長はすばらしい生き方の経営者で、私の恩人です。人との出会いは、人生を変える流れを作ってくれるのです。

自分の限界までがんばると、必ずいい流れが起きることを信じてください。

笑顔セラピーを開いたあとも、私はさまざまなことに遭遇しました。しかし、101%以上の力を注げば、必ず突破口が開けてきます。

今にして思うと、収入への不安から流れに乗っていなかったら、私は天職に出会えなかったでしょう。「いい流れがやってきた」と感じたら、勇気を出して流れに乗ってみることです。

たとえ、それがビジネスとして成功しなかったとしても、そこでの経験は必ずまた、次の天命への道につながっていくのです。まさに「失敗は成功のもと」です。

Chapter 5

恋愛で運命の人と出会うために

究極の相手を見極める

恋愛や結婚は、正直、人智の及ばぬもの、心理学では計れないものです。

例えば、「笑顔セラピー」にやってきた愛子さんは、幸福な結婚を目指して笑顔セラピーのグループワークに参加し、自らが抱えていたトラウマやご家庭の悩みが解決して、いざ結婚できる状況になると、結婚など興味がなくなってしまいました。

また、「私は一生結婚しません」といっていた女性が、ある日突然、結婚したりするのです。

天職についてはずいぶんわかってきましたが、恋愛と結婚は未知数なことが多いのです。しかし、ただ一ついえることは、仕事でも恋愛でも、結婚でも、「ありがとうございます」と唱えれば自分にとって最良の道は開けるということです。

しかし、間違った恋愛観や結婚観を持っているようならば、それを見直す必要があります。恋愛や結婚を通して、心であれ、時間であれ、物であれ、あなたは相手に何かを求めていないでしょうか。これは、恋愛や結婚に限らず、人間関係のうえでもっとも間違った考えです。

恋愛や結婚によって、相手に愛してもらいたい、幸せにしてもらいたいと求めることをあなたが目的としているのならば、相手に愛の請求書を突き付けているようなものです。相手に愛という支えをもらえなければ一人では幸せになれない人は、結婚すると相手まで不幸にし、結局、自分をもみじめにするのです。

まず、自分一人で自分の人生を満足できるようなものとして自立しない限りは、恋愛や結婚は必ず失敗します。

一人でも幸せな人が、いい恋愛や結婚をすれば、その幸せは2乗倍の幸せをもたせします。幸せになりたかったら、まず一人でも十分に幸せだと思えるようになることです。

それでは、「私は一人でもじゅうぶん幸せだ」という人が、究極の相手をどうやって見極めるにはどうすればいいのでしょうか。それは、相手に何も求めず、「その人の幸せのために尽くしたい」と心から思えるかどうかです。それがほんとうの愛情です。

相手から奪うことを考えず、見返りを一切求めず、愛情を注ぐと、相手から か、または別の誰かから、自分の与えた愛の何倍もの愛を与えられる、これは宇宙の絶対法則なのです。社会のために見返りを求めず、人々のために働くと、協力者がパートナーとして、自分を支えてくれるのです。それが、本物の結婚、幸せな結婚のあり方なのです。

恋はマイナスエネルギー、愛はプラスエネルギー

奪うことなしに、愛情のみを注げるようになるには、心の鍛錬が必要です。

甘えん坊の人たちが、そこまでの境地に達するのはなかなか難しいことでしょう。

初めにお断りすると、快楽的な恋愛は、マイナスのエネルギーなのです。恋は、「愛」ではなく、本人たちが酔っているだけの錯覚です。恋に、ほんとうの愛、与えるだけの愛が加わることで、究極の相手に成り得るのです。

恋愛は、恋を愛まで高めるための試練です。だから、恋も本気になると苦しくなってきます。この苦しみは、与えることに徹しない限り続きます。しかし、その事実に気づいた途端、すばらしい幸福へと変貌するのです。母親は赤ちゃんに何一つ求めず与えるから、幸せなのです。

恋が苦しいのは、「幸せになりたい」「私を幸せにして」「自分を心地よくして」という我欲であふれているからです。

自分の内なるさびしさや無力感、現実のつらさなどを他人を使って紛らわせ、自分の楽しさや快楽を求めるために恋を始めたカップルは、弱い者同士の結託でしかありません。

不幸な人が、自分の都合のいい幸せを求めて結婚したら、不幸は2乗倍になります。

具体的にいうと、恋や結婚がうまくいかない理由には、ゆがんだ異性観や自己否定、依存心、他者否定、家族に対して幸福なイメージを持てない、性に不健康な意識を持っていることなどが挙げられます。

最初にお話ししましたが、**愛は「ギブ&テイク」ではない、取引ではありません。愛は「ギブ」だけなのです。**そして、「ギブする愛」から「支える愛」になることで完成していくものなのです。

幸せなカップルは、お互いに支え合い結ばれると、感謝でいっぱいです。心から、「ありがとう」といい合えるのです。

では、ここで一つ質問。あなたは、結婚相手にはどんな人を望みますか?

「優しい人」「お金がある人」「おもしろい人」「子どもの親として理想的な人」

など、答えはたくさん挙がってくることでしょう。しかし、よく見るとどこにも自分が与えるものはありません。相手から得ることだけなのです。

これがすなわち奪うことであり、我欲なのです。恋の相手探しが、マイナスのエネルギーで満ちているという意味がわかっていただけたのではないでしょうか。

「恋人にこんなに尽くしているのにいつも振られる」という人も同じです。「尽くしている」というギブの気持ちの裏には、「だから私から離れないで。私だけを見て」というテイクがあります。また、「振られるんじゃないか」という心配がいつもあり、そうした心配の言葉通りに振られます。

そういう人は、心の奥底は人々へのテイクでいっぱいなのです。与えれば奪えることを知っていて、ギブを押しつけているのです。自分を守ることに汲々としているタイプです。「病気にならないように」「失敗しないよう」「落ちこぼれないように」「食いっぱぐれないように」、そして「嫌われないように」という気持ちにとらわれて、身動きが取れないほどストレスがいっぱいで心さびしい人たちです。

こういう人は、自立しておらず、積極性もありません。人前ではマナーを守り、おとなしく見えるものです。

テイクのエネルギーは、人生をどんどん行き詰まらせ、さびしく孤立させてゆく性質を持っています。逆にギブのエネルギーは、人生に幸運を引き寄せ、すばらしい出会いをもたらし、相手と調和しながら愛でつながってゆきます。

恋愛は、「ギブ&ギブ」の支え愛を育てましょう。

幸せは、求めるもの(テイク)ではなく、結果としてやってくる心の状態であり、感謝と共にあるのです。だから、「幸せになろう」というとき、幸せを求めて出発しているのですから、すでに間違ったスタート地点に立っていることになります。

「結婚したら幸せになる」は危険な幻想

恋はマイナスのエネルギーで満ちているといっても、恋をしている期間はやはり喜びにあふれています。ひたすら自分を見つめてもらい、愛しく思われているのはうれしいものです。そのような喜びのエネルギーを優しい気持ちに変えて、お互いを思い合うこともできます。

ところが、結婚して籍を入れた途端、この楽しさは徐々に薄らいでいきます。年月を重ねるに従い、相手は自分のものと錯覚し、暮らしの中の自分の部品のように思うようになります。そうなると、恋愛期間には出てこなかった、我欲がわき上がってくるのです。

この我欲を、いちばん意外に思うのはほかならぬ自分自身です。愛して尽くすつもり、与えるつもりが、つらくてさびしい、または怒りやイライラの気持ちから、こうしてほしい、変わってほしいと、求める気持ちを止められなくなります。感情をコントロールできなくなります。

そこで、相手が自分に都合のいい行動をとることを要求し始めます。そして、お互いが自分の都合を求めるための奪い合いが始まります。

例えば、あなたがさびしさを埋めたくて相手を求めたのなら、相手もまた、さびしさを埋めたくてあなたを求めたのです。初めのうちは、自分と同様の相手の気持ちがよく理解できますから、相手のさびしさを埋めてあげようと両者とも努力するため、うまくいきます。相手のことを、「自分のさびしさを埋めてくれる相手」「足りないものを満たしてくれる相手」だと確信します。

しかし、これが錯覚なのです。実際は傷のなめ合いですから、結婚すると、お互いが相手の優しさを求めて奪い合います。「私に優しくして」「いや、ぼくにもっと優しくしろ」「おまえがおれを満足させろ」「あなたの役割でしょ」となるのです。

その争奪点は、お互いのもっとも弱いトラウマ部分です。もっとも弱い部分で気持ちが引かれ合い、結婚した途端に心の傷つきやすい薄皮部分をお互いにこすり合い、傷つけ合います。

これでは、心身ともに痛み、苦しくなります。お互いに泥仕合が始まるのです。

私の最初の結婚が失敗した理由も、まさにそこにありました。

夫は、母親の過保護で育った男性でした。そして私は、夫と同じように母親離れできていず、さらに母親のマイナスの意識を受けて育っていました。夫は愛情過剰であり、私は愛情不足であり、凸と凹でぴったりかみ合っていました。

そして、2人とも、自分一人でじゅうぶんな幸せを感じられないことで共通していました。夫は、母親からもらっていた愛情を、母親に代わって私からもらえるものと思っていました。私は、母親からもらい損ねていた愛情を、夫からもらえるものと思っていたのです。

結局は、両者は依存し合っている関係だったのです。お互いに依存しているのですから、お互いにエネルギーを奪われているのです。

その結果が、離婚でした。私は、不幸せな人が結婚したら、不幸せは2乗倍になるということを身をもって体験しました。

恋愛であれ、結婚であれ、基本は自分の幸福を自分自身で作れることです。

いつの間にか出会いがふえる

私の例のように、心の奥深くに同じ部分でマイナスの波長を持っている者同士で引き合うことが多いのです。

そのため、選んだ相手は自分にぴったりと合うと感じ、いっしょにいると安らぐとか、わかり合えると思ってしまいます。

「結婚相手とは、世の中でもっとも相性の悪い相手」といわれます。つまり、結婚相手が、自分のもっとも弱い部分の鏡であるケースが多いのです。

これは、仕事でも同じです。チャプター4でもお話ししたように、会社で嫌な上司や同僚がいるとしたら、それは自分と同じ波長を持っている人なのです。

しかし、こうした問題も、「ありがとうございます」によって見事にプラスになるのです。プラスになったときには、プラスの波長同士でぴったりと合うようになります。

理解し合える、補い合える、そしてギブし合える本物のすばらしいカップルに生まれ変われるのです。私は、そんなカップルをたくさん見てきました。

だから、問題や悩みとは、あなたを人間的に成長させてくれる天からのギフトでもあります。恋愛や結婚によって明確となったあなた自身の問題がそこに横たわっているからです。

「ありがとうございます」が自分の問題の根っこを消し、プラスに変えてくれます。「ありがとうございます」は、執着を取り払い、我欲をなくし、愛のエネルギーを心に満たしてくれます。すると、問題を解決する糸口が見えてきます。場合によっては、すでに解決している状態まで心とその事態ををシフトします。

そうすればしめたもの。あなたの心は軽くなり、幸せを実感できるでしょう。

また、恋愛や結婚相手との出会いがない人も「ありがとうございます」が良い出会いをもたらしてくれることがよくあります。これまで出会いがなかった人は、とにかくたくさんの「ありがとうございます」を唱えましょう。

自分のほんとうの幸せのために必要であれば、人生の流れが変わり、出会いは必ず訪れます。

他人と過去は変えられない。今ここで自分を変える

恋愛や結婚ばかりではなく、どんなことであっても、常に問題は自分の中にあります。しかし、人間は、自分を見失い、相手に変わってほしいと望んでしまうものです。

相手に何かを求めている限り、ほんとうの幸せはやってきません。不満だら

けの恋愛や結婚は、相手に求めすぎてしまうことから起こるのです。

しかし、自分の気持ちを謙虚にして、相手への不満をなくし、つらさや苦しみを受け入れようといっても、それはとても難しいことです。

その解決法はただ一つです。相手を変えようとするのではなく、自分が変わることです。

夫妻や恋人に限らず、親子であろうと、兄弟姉妹であろうと、職場の人間関係であろうと、相手を変えることはできません。

しかし、自分を変えたいと強く望めば、変えることは可能です。**自分を変えると、相手は必ず変わります。これは人間関係の絶対法則です。**

もし相手が変わらなければ、その相手は自分のもとから去っていき、今の自分にぴったりな別の相手が目の前にやってきます。

私は笑顔セラピーを訪れた人に、幸せになるための2つの心構えを挙げます。

次の2つの心構えをかみしめて実行することで、未来は変わるのです。その2

つとは、

①他人と過去は変えられない

②変えられるのは〝今ここ〟の自分だけ。自分を変えれば相手も変わる

です。

恋愛や結婚をすると、相手に多くを望んでしまうものです。例えば、「そんな言い方しないで」「私にもっと気づかって」「たまには掃除を手伝って」「体を壊すから、お酒を飲む量をへらして」など、つい口を突いて出ていないでしょうか。

しかし、相手はあなたのこうした要望を、決して素直に聞いてくれません。それがいくら相手への思いやりの言葉であっても、正論であっても、結果は同じことです。人生の不幸を背負う人の多くは、このように相手に変わってくれることを望む人たちです。

重要なのは、相手を変えようと思わないことです。相手を変えようとするエ

ネルギー、怒りのエネルギー、感情を抑えるためのエネルギー、そしてストレス解消に使うエネルギーを、今からは自分を変えるために使いましょう。

これが幸せへの第一歩です。これができたら、相手とのいい関係が築け、幸福になれることを保証します。

自分が変われば、相手も自然と変わっていくのです。

自分を変えるための特効薬は、「ありがとうございます」をくり返し唱えることです。相手を変えようと望む気持ちが消えていき、怒りがおさまり、自分が大好きになって穏やかな気持ちになっていきます。

ただし、好転反応(事態がいい方向に向かうため心の中のマイナスが一時的に形が現れることで、消える現象)が起こる場合もあります。しかし、「ありがとうございます」を唱えていれば、結果として物事は確実にいい方向に向かっていきます。安心して、「ありがとうございます」をくり返し唱えてください。

「感謝法」は、幸せの最短コースなのです。

自分のまわりがいっぺんに変わる感謝法の真実

関係がぎくしゃくしている相手と関係改善を図りたいという声を、笑顔セラピーではよく聞きます。そんな場合の具体的な「ありがとうございます」の唱え方を、ここで紹介してみましょう。

「ありがとうございます」を唱える際、イメージするのは相手の顔であり、笑顔ならなおさらいいでしょう。

そして、相手のいいところを見つけ、それを書き出してみましょう。「優しい」でも、「きれい好き」でも、「責任感が強い」「明るい」「ごはんを残さず食べてくれる」でも、なんでもかまいません。

それらをつなぎ合わせて、一つの言葉とします。「○○さん、とても優しい、ありがとうございます」と、必ず「ありがとうございます」を加えます。

こう唱え始めてしばらくすると、相手が変化するケースが多々あります。急に「おまえにもいいところがあるよ」とか、「今まですまなかった」などと相手がいってくれたりするのです。今まであまり会話のなかった冷え切った関係の場合には、会話がふえて温かい関係になったりするのです。

そうなると、相手の変化に驚いて、自らの気持ちも軟化していきます。そして、「けっこう優しい人だったんだな」「今まで守ってくれたんだ」などと、相手のいい面を思い返したり、見えてきたりするようになります。もちろん、「ありがとうございます」を唱えていると、相手が変わる前に相手に優しくなれたり、それまで持っていた怒りが消えたりすることもあります。

しかし、ここで「ありがとうございます」をやめてしまってはいけません。これは、まだ兆しでしかありません。ほんとうに2人の幸福を願うのならば、さらに「ありがとうございます」を唱える回数をふやすべきです。

すると、お互いの相手を思いやる優しさが本物になってきます。もう何が起こっても、揺るぎないすばらしい関係に変わっていくのです。

「ありがとうございます」を唱えることのいい点は、唱えている限り、「ありがとうございます」のエネルギーが心に入ってきて感謝の気持ちでいられることです。「ありがとうございます」はいいことが起きたらすぐにやめるのではなく、感謝の気持ちをいつも持ち、明るく前向きでいるためにずっと続けてください。

相手に「ありがとうございます」と感謝の気持ちを忘れていなければ、なんの問題も起こりません。幸せの根っこは、「頭のてっぺんから足先まで」感謝できる自分にあるのです。

相手を自分のために存在する理想の人には変えられませんが、「ありがとうございます」があれば、いい関係は必ず築けます。

人が幸せを感じるために、最初に必要なことは、なんだと思いますか？

その答えは、「自由であること」なのです。どんなにおいしい食事でも、無理に口をこじ開けられて口の中に入れられてはおいしくない、吐き出したくなるものです。

それと同じで、どんなに相手によかれと思ったことでも、強引に自分を変えさせようと思っていると、相手は拒否したくなるものです。

あるがままの自由を保障してくれ、そんな自分が愛され、感謝されたとき、人間はいちばん安心でき、自信にあふれるようになるのです。そのためには、まずお互いの間に「ありがとうございます」の言葉が必要なのです。

「ありがとうございます」は、「今ここ、あるがままを感謝で受け止める」ということであり、喜んで受け取るエネルギーの言葉なのです。

トラウマを消すと恋愛も結婚もうまくいく

恋愛を何度してもうまくいかなかったり、恋人と長続きしなかったりという人は、あなたの中に根深い問題があるはずです。

問題の一つとして、「刷り込み」を疑ってみるべきです。刷り込みとは、過去のよくない恋愛体験が潜在意識に刷り込まれ、トラウマになっているのです。過去に、相手に二股かけられていたり、浮気されていたり、暴力をふるわれたりした経験が心の傷として潜在意識の中に残っているのです。

そうしたマイナスのイメージを強くつかんでいるほど、次の恋愛でも同じ経験をするか、またはそうなる前に恋愛を終わらせるように潜在意識が取り計らってしまうのです。潜在意識はいかなる方法や分かれる理由を作り出してでも、みごとに同じ痛みを避けるようにことを運びます。

また、過去の恋愛体験にこりているばかりに、相手に度を超してこびて自分を出せなかったり、相手のマイナス要素を徹底的に探して用心します。その結果、幸せな恋愛にはならないのです。

こんな場合にも、「ありがとうございます」を唱えましょう。心は平常心を取り戻し、潜在意識の中の傷を消してくれます。

また、恋愛がうまくいかない原因としては、「自己否定」が考えられます。自己否定をしていると、自分に自信が持てません。「嫌われているのでは」「嫌がられたらどうしよう」「気が利かないと思われたわ」「『変なやつ』と感じたかも」などと、心配ばかりします。

また、自分を否定ばかりしていると、結局、他人を否定する気持ちも強くなります。結局、自分も相手も認められず、おどおどしたり、牽制的になって、相手のあらばかり探したりすることになります。相手に対して、あらぬ疑いの心もわいてきて、事あるごとに相手を責め立てたりします。心の中にはマイナスの意識があふれるようになり、不安や人への不満が渦巻くようになります。

こうした自己否定の人がよく口にするのが、「自分は魅力がないから、もてない」「私は性格が悪いから嫌われる」「男性を信じたって裏切られる」「私を助けてくれる人などいない」などといった言葉です。

こうしたマイナスの言葉は不幸を運び、言葉通りの現実を呼び寄せるように

なります。

自己否定を抱える人が生きていく場所は、どこであっても地獄です。自分と他人のマイナス感情の中で、つらさでいっぱいになります。

自分が好き、自分を信頼できるという自己肯定が幸せの基本です。そして、自分をほんとうに信じられる人は、とても謙虚で、自然と感謝ができるのです。また、他者にも優しくプラスの気持ちで接することができます。

自分には自己否定があると思ったら、「ありがとうございます」をたくさん唱えてください。必ず自分が好きになり、そして他者にも優しくなれます。

「ありがとうございます」は、愛そのもの、愛のエネルギーなのです。

Chapter 6

病気を治して元気に暮らすために

心を変えれば病気は治る

「ありがとうございます」で病気が治るなどというと、驚き疑われる方も多いのではないでしょうか。実をいうと、私も、最初はその驚いた人間の一人でした。

笑顔セラピーを訪れる人々の中には、悩みを持っている人がたくさんいらっしゃいます。悩みを持っている人は、持病を持っている人が多いのです。

そんな人にも、私は「ありがとうございます」を唱えてもらいます。すると、悩みが解消されたりするのと同時に、不思議なことに病気も治ってしまう人がいます。

実際にこれまで、「腰痛が治った」「肩こりが消えた」「生理不順が解消した」「甲状腺の腫れが引いた」などと、病気や痛みに効いたという声が、多数、寄せられています。

最近の研究では、ガンをはじめ多くの病気が心のストレスによってもたらされるといわれています。ストレスによって、病気から体を守っている免疫力が低下し、体の機能を調節する自律神経のバランスが崩れ、さまざまな病気を呼び込むというのです。

「ありがとうございます」は心を根底から変える魔法の言葉です。心が根底から変わるのであれば、体もじゅうぶんに変化することが考えられると思います。そのため、病気が治ったり、改善したりするのかもしれません。

私は、医師でもなければ、宗教家でもありません。そのため、こうすれば病気は治るなどと軽々しくいうことはできませんが、笑顔セラピーで起こった多くの体験者の事例から、気づいたことをお話しさせていただけたらと思います。

病気は自分自身で治すもの

病気は自分がどこで不自然な生き方をしていたのかを知るチャンスでもあるのです。

そうはいっても、いざ病気になって、それをチャンスだと思うことはなかなか難しいと思います。笑顔セラピーに来た病気を抱えている生徒さんたちを見ていても、それを絶好の機会だと考えて自分を立て直せるほど強い人などまずいらっしゃいません。長年、癖になった不自然な生き方を修正することは、とても難しいのです。

病気とは、自分の心のもっとも弱い部分が、体のもっとも弱い部分に現れた状態だといえます。「あなたの弱い心がストレスを招き、病気を起こす。まず、弱い心を治すべきだ」といわれたところで、何をどうやればいいのかわからないのが普通ではないでしょうか。それがわからないからこそ、病気になっているのです。

体の病気を心の問題としてとらえてみると、結局、治すのは自分自身です。精神科の医師やセラピストがアドバイスすることはできても、治せるのは自分しかいないのです。

自分で自身の病気を治すといっても、この作業には痛みを伴います。自分のもっとも弱い部分、つまり見たくない部分を凝視しなくては治せないからです。また、凝視したところで、どのように治せばいいのかわからないのです。

しかし、こんなときも「ありがとうございます」をくり返せばいいのです。病気にかかってありがたくなくても、「ありがとうございます」を唱えましょう。

最初に、今まで働いてきてくれた自分の心と体に向けて「ありがとうございます」を伝えるのです。「感謝」とは、「感じる、謝る」と書きます。

「これまで酷使してきてごめんなさい」「たくさん働かせてごめんなさい」「胃さん、あなたを責めてごめんなさい」などと、体に謝りましょう。

その次に、「ありがとうございます」を唱えます。病気になって、痛んだり、疲れたりしていても、働き続け、健康な状態に戻そうとがんばり続けている自分の体に感謝します。

病気になって感謝すべき理由には、もう一つあります。**病気とは、実は自分の中にたまったマイナスのエネルギーが、自分の中から消えていく状態なのです。**だから、大きな病気を体験したあと、心がとても清められ、人生が一変し感謝できるようになり、幸せになった人がたくさんいるのです。

心と体の元気は、感謝なしには始まりません。今ある命に感謝し、今生きていることに感謝していれば、病気は治り元気いっぱい暮らせます。

病気になってまず大切なことは、「感謝が足りなかった」と反省することです。「嫌だ嫌だ」と病気を悪者扱いしていたら、病気は居着いてしまいます。病気がを作ったのは自分なのですから、自分を変えるチャンスと考え、「ありがとうございます」と唱えるのです。

感謝をして病気が治ったあとも、「ありがとうございます」をくり返し唱えましょう。病気が治っても、それを感謝する心を忘れたならば、再び別の病気に襲われます。

自分の体は超優秀と気づく

「私は胃が悪いんです」「おなかが弱くて」「少しでも乾燥するとのどがつらい」などと、自分の体の弱さを口に出す人はたくさんいます。

しかし、「私の心臓はいつもちゃんと動いてくれています」「私の肺はしっかり息をしてくれるの」「私は味がわかるんだ」「私の耳は聞こえるのよ。すごいでしょう」などと、正常に働く体をほめる人はほとんどいません。このように、人は感謝をいつも忘れて生きている存在なのです。

体のどこかに弱い部分があり、それをつい口に出してしまったとき、次に健康な部分を探して感謝しましょう。あなたの体の一つひとつに、「ありがとうございます」と感謝をするのです。

最初は心からいえなくてもかまいません。健康な自分を思い出し、「ありがとうございます」を唱えてみましょう。不健康な部分に文句をいった回数以上に「ありがとうございます」を唱えます。

「私の歯は噛めます」「私はものを飲み込むことができます」「私の体は食べたものをきちんと栄養に変えています」「おしっこや便が排泄されます」「髪が伸びます」「心臓が動いています」「肝臓が解毒してくれます」「目が見えます」「歩いたり走ったりできます」「手で物を作ったり書いたりできます」「声が出て話したり歌ったりできます」「寒いとちゃんと鳥肌がたち、暑いと汗が出ます」。そう考えると、なんと多くの「ありがとうございます」がいえることかと感動しますね。

そして、最終的には「無限健康ありがとうございます」と唱えましょう。体のすべての部分が含まれ、最高の健康状態が実現する言葉です。

このように「ありがとうございます」を唱えていると、不調を抱えていようとも、一つの事実に気がつくはずです。それは、あなたの体は優れたところばかりなのです。一つふたつ悪いところはあっても、たくさんの健康な部分が存在し、その悪い部分をカバーしてくれているのです。

何度もお話ししているように、まず言葉があってその言葉通りに現実が追いつくのです。自分の身体に不平不満ばかりをいっている人は、その言葉に現実が追いつき、病気になります。逆に、感謝の言葉ばかりを使う人は、健康な人生を送ることができるのです。すべては言葉通りになるのです。

病気は、今ここに自分が生きているという奇跡への感謝が足りなくなった姿です。そしてまた、「感謝を忘れていますよ」という、大いなる自然からのメッセージです。病気も感謝で受け止めましょう。

病気を無視する健康法

病気は、無視できれば無視するのが、健康へのいちばんの近道です。

このようにお話しすると、「とんでもない。無視なんかしたら悪化して死んじゃう。ちゃんと治療しなくちゃ」と、思われる読者もいるでしょう。

しかし、病気の治療をすることによって、病気の存在を認めてしまうことになるのです。病気の存在を認めてしまうと、「私は○○病」という言葉を受け入れてその意識を持つため、その言葉通りの病人となってしまいます。その言葉が、その人の限界になってしまうのです。

このように考えて実行した多くの人が、病気が治り、元気になった実例を私は知っています。

実は、私自身、20歳のときに、病院で深刻な心臓病だと告げられました。「治る病気ではないから、症状が出なくても、最低1年に一度は検査しなさい」と、医師からは説明を受けました。

しかし私はその後、一度も、検査などしたことがありません。離婚後は仕事に夢中で、病気のことはすっかり忘れていたのです。気がつくと、過去、心臓病の症状で悩まされたことなどありません。この原稿を書きながら、十数年ぶりかで病名を思い出しました(笑)。

今後も、「無限健康ありがとうございます」と、最高の健康状態が実現する言葉を、私は口にし続けていこうと思います。病名を口に出さない、確認しないで感謝を深め、世のためにしっかり働くことが最良の病気対策なのです。「働く」ということは、健康を前提にした行動ですから、「ありがとうございます」の言葉とともに健康を作り出しているのです。

以前、私は講演でこの自分の事例を挙げてお話ししていました。心臓病の具体的な病名を挙げて、「症状はまったく出ていません」と人様の前で何回もお話をしたのです。

するとしばらくすると、それからときどき、心臓がドキドキし始めるなど、病気の症状が出てきたのです。講演会であろうとも、言葉に出して何度も病名を挙げることで、自分自身が病気の存在を認めてしまったのだと思い、以来、お話しすることをやめました。

幸い、講演でこの話をやめるようになってからは、心臓がドキドキすることもなくなりました。

もちろん、ここで私がお話ししたかったことは、いっさいの治療を受けてはいけないという意味ではありません。自分が必要だと思う治療ならば、うまく活用するといいでしょう。

しかし、そうした医学的な治療は人生の枝葉を修復しているだけであって、根は修復してくれません。あくまで、人生の根っこをかえることが大事なのです。

くり返しになりますが、言葉は自分の現実を作ります。そのため、病気になったとしても、「ありがとうございます」と感謝して、病気は体にたまったマイナスが消えていっているのだと考えましょう。「自分は病気なのだ」「悪いところがあるのだ」と決めつけたらだめです。「ありがとうございます」をくり返し唱えることによって、健やかで元気な生活が必ずやってくるでしょう。

Chapter 7

幸せを呼び込んだ10名の体験談

◉体験談1

数分間唱えただけで苦手だった知人と打ち解けることができた

小西　恵さん（30歳・会社員・東京都）

昨年6月に、学生時代の友人の結婚式と披露宴に招待されました。

学生時代とても仲よくしていた大好きな友人の大事な記念ですから、なんとしても出席したいと思いました。ところが、披露宴に招待されるメンバーを友人から聞くと、私の知り合いは2年後輩の女性一人だけでした。その2年後輩の女性とは、もう何年も顔を合わせていない、私が大の苦手とするタイプです。

しかし、そんな私の身勝手な理由で欠席するわけにもいきません。私は、不安を抱えながらも、「喜んで」と友人の結婚式と披露宴に出席することにしました。

教会での式が終わってから披露宴の会場に行くと、お互いに相手の存在に気づきました。式の緊張などから彼女が呼ばれていることを一瞬忘れていたので、彼女を見て、私はなんだかあわててしまいました。

私はすぐ顔に出るタイプです。取りつくろって笑顔を作ることはできますが、どこかぎこちなく、嫌だという気持ちがすぐに相手や周囲にばれてしまいます。やはり会った最初は、ぎくしゃくとした空気が2人の間に流れました。

ちょうどそのころ、私は野坂礼子先生の本を読んだばかりでした。そして、野坂先生の本の言葉を思い出して、彼女がトイレに立ったすきに彼女に向けて「ありがとうございます」を必死に唱えてみたのです。これが、私の初めての「ありがとうございます」体験です。すると、信じられないことが起こりました。

そのあとは驚くほど、彼女といっしょに楽しく過ごせたのです。

トイレから戻った彼女の雰囲気と態度が、一変しているように私には思えました。今まで彼女にいい印象を抱いたことはなかったのに、目の前にいる彼女はとても柔らかい感じで、別人のように変わっていたのです。

私は肩の力が抜けた感じになり、それまで会話が続いたことすらなかったのに、私たちはとても仲よく、ほんとうに楽しく話し込みました。

そのため、知らない人ばかりが集まった私たちのテーブルの雰囲気はとてもよくなりました。最後には、同じテーブルのメンバー全員が連絡先を交換し、「今度、合コンをしよう」というほどに盛り上がりました。

その後も、彼女とは電話で30分ほども親しく話したり、携帯メールを交換したりしています。

ほんのわずかな時間、「ありがとうございます」を唱えただけで、こんな奇跡が起こるなどとは思ってもみませんでした。

嫌いだと思っていた彼女は、実際は仲よくなれるタイプだったのです。なのに、私が勝手に苦手意識を持ち嫌いと思い込んでいただけなのかもしれません。「ありがとうございます」が小さな奇跡を起こし、2人の仲を激変させてくれたのです。初めての「ありがとうございます」体験は、私に大きなプレゼントをくれました。

◉体験談2
彼とのつらい別れを乗り越え運命の人と出会うことができた

大谷由香さん（26歳・会社員・神奈川県）

昨年のお正月を過ぎてすぐに、大失恋をしました。

5年間つき合い、結婚も考えていた相手です。悲しくて悲しくて、何も考えられず、毎日泣いてばかりいました。

野坂礼子先生にEメールで相談すると、こういうときこそ「ありがとうございます」が大切だと教えられました。「いい別れが次のいい出会いにつながります。しんどいだろうけど、別れる相手に『ありがとう』と感謝しましょう」と返信がきました。

どちらかというと、彼のわがままで振られたと感じていたので、「ありがとうございます」を唱えるのはとてもつらく感じました。むしろ、「バカ、バカ！」

とマイナスの言葉も叫びたくなりました。

しかし、「ありがとうございます」を唱えてみると、不思議なことにそうしたマイナスの言葉がだんだん出てこなくなりました。一時、苦しみを忘れられるのです。

最初は、「ありがとうございます」を唱えながら、涙が止まりませんでした。「ありがとうございます」をくり返していると、不思議と彼と過ごした楽しかった日々が思い出されてきます。すると、彼に対する感謝の気持ちが、少しずつ本心となっていきました。

感謝できるようになったことで、彼への未練が吹っ切れていきました。彼との別れによってできた心の傷が、癒えてきていることを感じました。その間、「ありがとうございます」をずっと唱えていました。

そして、私に転機が訪れたのが昨年の3月です。

友人から海外旅行に誘われ、気分転換のつもりで出かけました。その旅行先で〝運命の人〟との出会いがあったのです。

出会った瞬間、「温かくて、優しそうな人だな」と思ったのですが、実際にその通りでした。つき合うほどに、安心感と信頼感が増していきます。

つき合うようになってからは、話がとんとん拍子に進み、ついに秋に結婚することになりました。失恋した彼のときは、行き詰まってばかりだったのに、今回は驚くほどスムーズです。

先生に報告すると、心から祝福してくださいました。2人で手を取り合い、顔がぐしゃぐしゃになるほど涙をこぼして、喜んでくださいました。人にここまで喜んでもらえるというのも初めての体験で、私は感動しました。

笑顔セラピーでは、「人生には必要なことしか起こらない」と教わりました。私の大失恋も、人間的に成長するためにきっと必要なことだったのでしょう。

これからも「ありがとうございます」を唱え、すてきな日々を過ごしていきたいと思っています。

◉体験談3

これまでまとまらなかった営業先との話が次々と決着した

F・Yさん(女性・43歳・会社員・東京都)

私が広告営業の仕事をするようになって4年になります。

営業職が向いていたのか、この仕事に就くようになってからというもの、毎年、会社では売り上げのトップにランクインしていました。しかし、年々、会社の期待が大きくなり、少し前、とてつもない高額なノルマを課されてしまいました。どんなに売っても、そのノルマを満たすことができません。そんなときに、野坂礼子先生の本と出会ったのです。

私は、心理学や心の世界に関わる本を読むのが好きで、自分なりに仕事で実践もし、成功していました。しかし、今回ばかりは、あまりのノルマのきつさに打開策が見つからなかったのです。

「ありがとうございます」を唱えるだけでいいことが起こるのならばと思い、わらにもすがる気持ちで、さっそく、実践してみることにしました。すると、すぐにいいことが起きたのです。

その日、注文をいただいた会社の担当者の顔を思い浮かべ「ありがとうございます」を唱えながら、先方に向かいました。すると、とても会話が弾み、仕事上の問題点も解決しました。もう一つ注文の話が持ち上がったほどです。

同じ日にもう一社を訪ねました。このときも、先方の担当者の顔を思い浮かべ「ありがとうございます」を唱え、打ち合わせ中も心の中で唱えていました。すると、思いがけず深い話ができたのです。先方の担当者と私の考えが同じだということが判明し、コミュニケーションが深まりました。結果、両者にとってとてもいい感じで話がまとまり、仕事の幅が広がる希望が持てたのです。

それまでなかなかまとまらなかった話が、立て続けに2件まとまったのです。

私はこの「ありがとうございます」の効果に驚き、もっと深く学びたいと思い、野坂先生の笑顔セラピーに通うことを決意しました。

現在、私の生活で、「ありがとうございます」は欠かせないものになっています。同僚や他社の担当者を思い浮かべながら「ありがとうございます」を唱えていると、心が温まり穏やかな気持ちになります。

もちろん、中には苦手な方もいます。しかし、「ありがとうございます」を唱えていると、不思議と自分の気持ちが楽になり、それが相手に伝わるのか、苦手な相手ともより良い関係を築けるようです。

仕事のジレンマで気持ちも暗くなりがちだったのですが、「ありがとうございます」のおかげで前向きに邁進するいつもの自分が戻ってきました。「ありがとうございます」と笑顔さえあれば、なんでも乗り越えられると感じています。悩むことによって、成長できた自分を感じています。

最近では、高いノルマも「神様が成長させるために私に与えたんだ」と思っています。この先も、楽しみながら困難を克服していきたいと思っています。

◉体験談4

毎日が楽しく笑えて仲違いの兄夫婦とも関係が良好になった

荒井靖子さん（62歳・主婦・東京都）

私は、以前から笑顔をうまく作れませんでした。

親からはすぐふくれるといわれ、娘たちからは、すぐ怒る、ムスッとしたりするといわれていました。もちろん、自分でもふくれたり怒ったりするのは、気分がよくありません。目のつり上がった自分は嫌いです。

長年、笑顔を上手に作りたい、すぐに怒るこの癖を直したいと思っていました。自分の奥にも優しさはあると思っているのですが、それを表現する方法がわかりません。

私の友人には、とても優しい人やいつも笑顔の人がいます。私も真似てみるのですが、どうもうまくいかないのです。いったいどうしたら、いつもニコニコしていられるのでしょうか。

私は、笑顔のすてきな人になる方法をずっと探し求めていました。あるとき、テレビを見ていると、野坂礼子先生が笑顔セラピーを開いていることを知りました。とても魅力的なセミナーだと思い、忘れないようにメモをしておきました。すると偶然にも、私の自宅からそう遠くないところに笑顔セラピーが開かれたのです。私は、即座にセミナーに通うことにしました。

笑顔セラピーでは、笑顔の作り方を学ぶというよりも、自分の心と向き合うことを教えてもらいました。そして、「ありがとうございます」の唱え方です。「ありがとうございます」を唱え始めると、今まで自分の身のまわりのことに、感謝が足りなかったことに気づきました。

まずは、夫への感謝です。今、私がここにいられるのは、夫あってのことです。夫への感謝の気持ちが深まると、より熱心に「ありがとうございます」が口から出るようになりました。

そのうち、自分の中の怒りを抑えられるようになってきました。〝怒り〟の感情は、前と変わらずにわくのですが、すぐにおさまるのです。今では、毎日を楽しく笑って過ごせるようになりました。

そして、「ありがとうございます」を唱え始め、私がもっとも驚いたのは、兄夫婦との仲が改善したことです。

６年前に意見の食い違いがあり、それ以来、兄夫婦とは連絡が途絶えていました。４年前に私の母が亡くなったときも、兄夫婦は近くに住んでいるのにもかかわらず、顔を出してくれませんでした。

昨年、４年間寝たきりの叔母が亡くなりました。私は、兄夫婦がお葬式に来るということを聞き、憂うつでした。今さら顔を合わせても、言葉さえ出てこないと思っていたのです。

そこで、私は兄嫁の名前を挙げ、「ありがとうございます」を何度も唱えました。

すると、どうでしょう。当日、お葬式の準備をしていた場に兄嫁がやってきた際に、何事もなかったかのようにあいさつしてきたのです。そして、6年間の空白を感じさせないほど自然に会話をすることができたのです。

この先、兄夫婦との関係がどんなふうに展開するかはわかりませんが、悪い予感はありません。「ありがとうございます」を信じ、唱えているからです。

電車の中、家事をしながら、歩きながらなど、私は一日に1時間ほど「ありがとうございます」を唱えています。最近は、物騒な事件が相次いでいます。しかし、外出先でも「ありがとうございます」を唱えていると、自分に安全なバリアが張られたように感じられ、安心していられます。

生きていくうえで、ぐちや不満がなくなることはありません。しかし、「ありがとうございます」の言葉と笑顔でそんなぐちや不満を吹き飛ばし、今後の人生を前向きに開いていきたいと思います。

◉体験談5
深刻なアトピーと冷え症が治り仕事も繁盛するようになった

菊池はるかさん（35歳・リンパアロマセラピスト・神奈川県）

私は25歳からアトピー性皮膚炎に悩まされるようになりました。

結婚し、大阪に転居してからです。妊娠中は症状が悪化し、入院しました。

これほど悩んだアトピー性皮膚炎です。そのため、アトピー性皮膚炎などの病気で苦しんでいる人の助けになりたいと、いつしか思うようになりました。

そのため、子どもが保育園に通うようになり、私の手が多少空くようになると、勉強を始めました。

リフレクソロジー（足底療法）やリンパマッサージ、アロマセラピーなどです。

今は、リンパアロマセラピストとして自宅でサロンを開業しています。

野坂礼子先生の笑顔セラピーには、1年前から通っています。その教室に通い始め、2カ月目に入ったときのことです。ほとんど完治していたアトピー性皮膚炎が、一気に吹き出してきました。

皮膚はかゆくて、だるくて、アリがはうような感じもします。ほんとうに逃げ場のない苦しさです。そのつらさは2週間続きました。

野坂先生のお言葉によると、「ありがとうございます」を真剣に行うと、最初、好転反応として悪いことが噴出することがあるようです。体内にたまった悪いものが一気に吐き出され、その後いいことが起こるようになるとのことです。私は、この2週間、そのお言葉を頼りになんとか乗り切りました。

この時期もサロンは続けていました。顔だけはアトピー性皮膚炎の症状が出ていなかったのが幸いでしたが、腕や手はひどい状態です。「お客様もこんな手で触れられるのは嫌だろうな。こんなときはお客様も来てくれないほうがいいな」と思っていました。

しかし、現実は逆でした。サロンの予約が途切れずに入るのです。アトピー性皮膚炎の症状が出ているこんなにひどい状態の私の手からマッサージを受けてくださるのだからと、私は心の中で「ありがとうございます」を唱えながら懸命にマッサージをしました。

そのせいでしょうか、そのときのお客様のうち数人が、毎週来てくださるようになったのです。実は私のサロンはリピート客が少なく、私はくり返し来てくださるお客様をふやしたいと思っていました。1回限りではなく、その方の体質や季節に合わせて、親身なケアをしたいと思っていたからです。「ありがとうございます」によって、その希望がかなうようになりました。

また、私自身のアトピー性皮膚炎の症状は、この2週間以降、まったく出ていません。ずっと悩んでいた冷え症も治ってしまいました。

こうしたこと以外にも、これ以降、いいことがたくさん起こっています。

私の娘は小学生になってもおねしょをしていたのですが、これが完全に治ってしまいました。娘が眠る前、「ありがとうございます」を10回唱えながら娘のおなかをさするようにしました。すると、おねしょが1週間ピタッと止まったのです。

しかし、「ありがとうございます」を唱えながらするおなかさすりをさぼると、またおねしょが再開してしまいました。また、私が叱ったり、私の中に迷いがあったりすると、おねしょが始まることがわかりました。私が娘を怒らなくなった今では、おねしょ癖もまったくなくなりました。

また、夫婦関係もよくなりました。私は苦手なことを夫に押しつけ、それをうまくできない夫を責めたり、怒ったりしていました。つまり、私の好きなように家族をコントロールしようとしていたのです。

「ありがとうございます」を唱えてから、私白身が大きく変わり、自分の身勝手さなどを理解できるようになりました。そう自分が理解できたと同時に、周囲もいい方向に変化してきているように思います。

今後も、「ありがとうございます」を大切にし、みなさんの役に立っていきたいです。

◉体験談6

息子のネフローゼが治り夫と娘のいがみ合っていた関係が改善

Y・Sさん(女性・44歳・主婦・大阪府)

私の悩みは、夫と中学生の長女の関係がうまくいかないことでした。2人が携帯電話を巡ってけんかをしたり、携帯電話を投げて壊したりするのを、不安で見ていられませんでした。

あるとき図書館で、野坂礼子先生の本を偶然見つけました。表紙にかわいいイラストが描かれ、最初は子どもが読む本だと思い、娘に読ませようと借りてきました。しかし、読んでみると大人を対象として書かれた本で、自分自身が読みふけってしまいました。

この本を読み終えたときには、野坂先生の考え方にすっかり共感していました。この本で、野坂先生が主宰する笑顔セラピーの存在を知り、すぐに連絡を取らせていただきました。野坂先生からは、「3日後から新しいセミナーがスタートするからいらっしゃい」と誘われ、参加を即決しました。

野坂先生に最初にお会いしたとき、5歳のときからネフローゼ（ひどいむくみなどが起こる腎臓の病気）を持つ中学生の長男のことを話しました。すると、「一日に5000回『ありがとう』を唱えて」とアドバイスを受け、以降、その通り実行するようにしました。

私の場合、「ありがとうございます」を5000回唱えるのに約1時間半かかります。一気に唱えるのではなく、歩きながら、家事をしながらなど、息子のことを思いながら小分けにして、唱え始めました。最初は息子のことだけを思い浮かべて唱えていましたが、そのうちに「家族みんなが元気で仲よく」というように家族全員に対して唱えるようになっていました。

そうして1カ月たったころです。息子の症状が変化してきました。ネフローゼにはつきもののたんぱく尿がまったく出なくなったのです。ほんとうに驚きました。「ありがとうございます」を唱える以外は、何もやっていません。

そして、夫と娘にもうれしい変化がありました。夫の仕事の関係で、私たち家族は、来年から九州に引っ越す予定です。夫だけは一足早く、すでに九州に単身赴任をしています。娘が九州で模擬試験を受けるために、夫のもとに一人で行きました。私は、またけんかになったらと不安を感じて娘の帰りを待っていました。

すると、どうでしょう。帰ってきた娘は、父親のことを「案外、いい人だったよ」といい、まんざらでもない雰囲気なのです。これから2人の関係はどんどんいい方向に向かっていくに違いありません。

もう一つ、いいことが起こりました。私たち夫婦は、他県に家を持っています。その家の借り手が、長い間見つかりませんでしたが、先日、見つかったのです。

この2カ月という間、「ありがとうございます」を唱え始めただけで、物事がいい方向に進んでいるのです。「ありがとうございます」のすごい効果に、ただただ感謝しています。

◉体験談7

不眠の原因のマイナス思考とも縁が切れて薬も不要になった

森田佳代子さん(63歳・主婦・東京都)

私が、笑顔セラピーに通い始めて10カ月になります。

いつもブスッとしていると人からいわれるので、すてきな笑顔の作り方を学ぼうと、教室に通い出したのです。

セミナーに通うようになって、野坂礼子先生の著書を読むようになりました。最初は信じられず、「私にいいことなんて起こるはずない」と決めてかかっていました。

しかし、セミナーに通い始めて7カ月ほどして気がつきました。長く続いていた不安感が薄れていたのです。

私はひどくマイナス思考で、毎晩のように怖い夢を見ていました。「結婚式に間に合わない！」などといった強い強迫神経症的な夢です（強迫神経症とは、自分自身や自分の存在感に対して強いこだわりが生まれて日常生活に支障を来す症状）。夢を見ながら、それが夢とわかります。それなのに、「どうしよう、どうしよう」とオロオロするのです。

恐怖に目を覚ますと、全身がガチガチにこわばっていて、眉間には深い縦ジワが寄っています。「ああ、夢でよかった」と胸をなでおろしますが、疲れがとれません。起床したときには、いつもぐったりとしていました。

こんなことのくり返しですから、眠るのが怖くて、寝つきも悪くなってきました。2年半ほど前からは、医師から入眠導入剤をもらって毎日必ず飲んでいました。

そして、起きているときも、マイナス思考の心配性です。少しでも気にかかることがあると、不安を感じたり、悪い想像をしたり、たいしたことではないことに「困ったな」と頭を悩ませたりと、取り越し苦労ばかりしていました。

私が「ありがとうございます」を唱えるのは、毎日の通勤時です。7カ月間、往復30分間の通勤時間、「ありがとうございます」を心の中で唱えていたら、そうした不安感が消えていったのです。今では、毎日の生活がとても楽です。入眠導入剤もいらなくなりました。

以前ならば、少しでも気になることがあると、眠れなくなっていました。それが、「明日考えればいいや」と、楽観的に考えることができるようになったのです。

また、眠れなくても不安でなくなりました。1度だけ寝つけないことがありましたが、「ありがとうございます」を600回ほど唱えていたら、自然と眠っていました。

20年ほど前に、別の人から「ありがとうございます」を唱えるといいと、私は聞いたことがありました。しかし、そのときは気持ちが入らず、またそれだけでいいことが起こるわけがないと思い、実行しませんでした。

野坂先生の「ありがとうございます」のいいところは、最初に気持ちが入らなくてもいいところです。これが、私が続けられた理由です。しかし、不思議なことに、「ありがとうございます」をいい続けていると、気持ちが入るようになってきます。今では、本心から「ありがとうございます」を唱えています。

先日は、意外なことが起こりました。

私はイヌとネコを飼っています。このイヌとネコは、犬猿の仲でした。しかし、私が「ありがとうございます」を唱えるようになってからというもの、イヌとネコがとても仲よしになったのです。動物にまで効果が現れるとは、唱えていた私としても驚きでした。

◉体験談8

実家のすさんだ雰囲気が和らぎ子どもたちも仲よくなった

吉田笑子さん（43歳・子育てセミナー主宰・神奈川県）

昨年、私はたまたま読んだ野坂礼子先生の著書で、「笑顔セラピスト」という仕事を初めて知りました。笑顔セラピストとは、笑顔を作り、「ありがとうございます」を唱えることによって、人々に元気を届ける仕事です。

この笑顔セラピストは私にぴったりの仕事だと思い、笑顔セラピーに通い始めたのです。というのも、私は小さいころから、「女の子は笑顔がいちばん。いつも口角を上げて笑顔を作っていなさい」と母にいわれて成長したからです。

私が笑顔セラピーに通い始めたころ、実は一つの悩みを抱えていました。九州にある私の実家の父と母、そして弟の3人の関係がとてもギスギスしていたのです。

父は脳梗塞（脳の血管が詰まって起こる病気）の後遺症で半身麻痺となり、体を動かせないストレスからわがままになってきていました。母は、家事に加えてわがままな父の看病で相当疲れている様子でした。そして、弟は離婚のショックからかなり神経質になり、いつもイライラしていました。

私は実家の暗くなった雰囲気をなんとか明るくしたいと思っていたのですが、なにぶん九州なので神奈川からはなかなか帰郷することもできません。

しかし、私が「ありがとうございます」を唱え始め、約1カ月後の夏に、その転機は訪れました。その転機をもたらしたのは、夕方、実家に迷い込んできた子ネコなのです。

私は、実家の3人が楽しそうに笑っている姿をイメージして、「ありがとうございます」を唱えていました。その唱えていた時間に、実家に子ネコが迷い込んできたというのです。

子ネコを見た父は、「とても飼えないから、どこかに捨てに行ってくれ」と、弟に頼んだということです。弟はネコを車に乗せ、実家からかなり離れた場所にすぐに捨てに行ったそうです。しかし、不思議なことに、ネコはしばらくして戻ってきてしまったのです。

「これは飼えということだな」と父は思い、実家でネコを飼うことになりました。すると、ネコは父によくなつくようになり、いつも父のひざに乗ってくるようになりました。

子ネコのしぐさはとてもかわいらしくて、実家の3人にとって会話の潤滑油となり、笑顔もふえるようになりました。その結果、家じゅうが明るくなり、今は両親と弟でとても仲よく暮らしています。

私は、「ありがとうございます」のおかげで、実家に幸せを呼ぶネコが舞い込んできたのだと思っています。実家の家族もそれを信じてくれて、家族のだれもが以前より「ありがとうございます」の気持ちを大切にして生活しています。

また、幸せは続くもので、弟に恋人もできました。彼はそのうえ、仕事では管理職に就き、給料もアップしました。そろそろ、その恋人と結婚も決まりそうです。私が「ありがとうございます」を唱え始めてからというもの、トントン拍子で幸運が舞い込むようになりました。

私自身は、「ありがとうございます」を唱え始めてから、子どもたちを大きく受け止められるようになりました。子どもたちを自分の思い通りに動かそうという気持ちが消えたのです。

すると、私の2人の子どもたちは、けんかをしなくなったのです。子どもたちのけんかは、私の「思い通りにならない」というイライラした気持ちが原因でした。私の気持ちが穏やかになることによって、子どもたちも穏やかになったのです。

私は、「ありがとうございます」を一日1万回唱えるようにしています。1万回というと驚かれるかもしれませんが、10分間ずつに分け、10回行えば達成できます。唱えるのは、歩いているときや家事をしているときなどです。

私の現在の夢は、笑顔セラピストになってマタニティスクールを開き、若いお母さんたちの幸せのお手伝いをすることです。これが私の天職だと確信しています。

女性は妊娠することによって大きく変わることができます。そのときに、野坂先生の教えを知ったならば、人生が変化してすてきな方向に向かうと信じています。

当初、スクールの開催は7年後を予定していました。しかし、私のまわりの流れが幸運で大きく変わり、今年じゅうに開くことができそうです。ほんとうに、ありがとうございます。

◉体験談9

仕事を辞めるほどひどい腱鞘炎が治ってきて奇跡のよう

U・Hさん（女性・30代・休職中・東京都）

私は、以前はコンピュータを扱う仕事をしていましたが、15年来のひどい腱鞘炎から右手が動かなくなって仕事を辞めました。手術を2度しましたが、腱鞘炎の痛みは思うように改善しません。

医師からは、「もう治りません。右手の使用はなるべく控えて、やっかいな親戚だと思ってつき合ってください」といわれていました。病院には3カ月に一度通院していましたが、治療法はなく、痛み止めをもらう程度でした。

腱鞘炎の症状は、右手の親指からひじにかけて痛みがあり、右手はほとんど使えないといった有様です。冷房などによって冷えると、感覚がなくなってますます動かなくなり、痛みも増します。そのため、一年を通して、ひじまである指なし手袋のようなサポーターをして、長袖をずっと着ていました。痛み止めの薬は、飲んでもあまり効きません。

荷物すらまったく持てません。料理や掃除など、手に負荷のかかるようなことはまったくできません。手がうまく動かないので、はしすらうまく扱えず、めん類も食べられません。右利きですが、左手を訓練して、左利きの生活をするように心がけていました。

昨年の初め、書店で野坂礼子先生の本を見つけて笑顔セラピーのことを知りました。そして、昨年の7月から笑顔セラピーへ通い始めたのです。

それからは、歩いているときや寝る前など、いつでも「ありがとうございます」を唱えていました。真剣に唱えていたというわけではありませんが、唱え始めてから不思議なことが起こりました。「ありがとうございます」を連呼しながら痛む腕をさすっていると、痛みが少なくなるのです。

驚いたことに、10月の終わりには痛みがほとんどなくなりました。試しにサポーターを外してみましたが、痛みもなく、手も動きます。こんなことは、この10年来まったくないことです。

腱鞘炎になってからというもの、雨の日の前などはひどい痛みで、「ひじから下などないほうがいい」と思うほどでした。それなのに、雨も平気です。また、冬になってもサポーターが不要です。こんな冬は何年ぶりでしょう。冬になると、サポーターをしていても腕が痛み、お湯に入れて温めていました。それが、昨年の冬はまったく必要なかったのです。この腱鞘炎はもう治らないのではないかと、自分自身があきらめていたのに、ほんとうに驚きです。

医師も治らないといったひどい腱鞘炎が、まだ完全ではありませんが治ってきているのです。手の筋を手術しているので、元の通りには治らないかもしれませんが、生活での不自由は次々とへっています。「ありがとうございます」を唱える以外、特に何も行っていません。「ありがとうございます」が私の右手に奇跡を起こしてくれているとしか、理由は考えられません。

◉体験談10

医師も見放した30年来の冷え症が治り明るい性格になった

太田俊子さん(58歳・主婦・神奈川県)

私は中学3年生のとき鉄棒から落下し、座骨や腰骨を強打して圧迫骨折し、1カ月の入院生活を送りました。そして、20代で椎間板ヘルニア(腰椎の椎間板が壊れて軟骨が飛び出す状態)で2回の入院を経験し、腰痛がすっかり持病となってしまいました。

具体的な症状としては、中学時代の圧迫骨折が後遺症となり、腰の中心で直径10㎝ほどの部分には血がまったく通わなくなり、いつも冷たくなっていました。特に冬場には、その部分だけ氷のように冷たくなるのです。

そのため、この30年間というもの、夏も冬も使い捨てカイロが手放せない状態でした。冷え症の悩みから、血の通わなくなった部分に、一年じゅう、カイロを貼り続けてきたのです。

私は、昨年10月から、野坂礼子先生の笑顔セラピーの受講を始めました。きっかけは、そんな体のもろもろの不調から、いつも心に曇りがあったことです。子どもたちからは、「お母さんはいつも不機嫌だ」といわれ、機嫌のいい自分になりたいと思っていました。

セミナーに通うようになってからは、「ありがとうございます」とひたすらいい続けました。何をしていても唱え続け、一日に2000～3000回は唱えていたと思います。

11月ごろ、「今年はまだ電気毛布を出してないな」と夫にいわれました。私は冷え症なので、例年10月末には、電気毛布を使用するのが習慣となっていました。気がつけば、電気毛布どころか、使い捨てカイロも使っていなかったのです。

「ありがとうございます」を唱え始めて1カ月で、30年来の冷え症が治ってしまいました。ほんとうに信じられないような体験です。「ありがとうございます」で、腰の血流が促進されたようなのです。

医師には、「腰の中心部には、一生、血が通うことはありません。あきらめてください」といわれていたのに、まったく驚きです。

また、私には胃潰瘍の持病がありました。これも長年の持病でもう治らないものとあきらめていたのですが、この胃潰瘍も驚いたことにすっかりよくなりました。今では、薬もいっさい飲んでいません。

夫や子どもたちなど、周囲の者からは、「明るくなった」「雰囲気が変わった」などといわれるようになり、とてもうれしいです。腰の冷え症が治ると同時に、私の性格も変わりました。

これからの人生、「ありがとうございます」と笑顔さえあれば揺るぎない幸せとともに暮らせます。笑顔セラピーに出会えたことが、私の一生でいちばんの幸運です。

Chapter 8

感謝行——無条件の幸せセラピー

感謝法から感謝行にバージョンアップする

ここまで、「ありがとうございます」を唱えることで、運が良くなり良いことが起きるという感謝法についてお伝えしてきました。

しかし、これで満足せず、是非、感謝法から感謝行にバージョンアップしてください。感謝行は現世利益を目的にせず、心からの感謝を目指して「ありがとうございます」を唱えるのです。目的があるとしたら、世界の平和や生きとし生けるものすべての幸せです。

すると、感謝法には比較にならないほど、大きく高いエネルギーの「ありがとうございます」になり、人生が根底から一大変化し、永続的な幸せと喜びにあふれるようになります。地上天国に暮らしているかのような、生きがいと感謝にあふれた素晴らしい人生へと変化してゆきます。

私たちは、幸せになるのに条件が必要だと思っています。その条件とは、まず健康、良い人間関係、そしてお金と人々に認められる良いお仕事とそれによって与えられる社会的地位でしょうか。

しかし、これらの条件を手に入れるために、必死に努力し大きな重荷やストレスをかかえ、結果として自由を縛られてしまいます。

しかし、条件にまったく縛られず自由自在で、絶対崩れることのない大きな幸せと喜び、安らぎの中で暮らせる世界、無条件の幸せに生きる人生があるなら、そういう人生を目指したいと思いませんか？

感謝法は人生の一部が変わるのですが、感謝行は人生全体が大きく変わり、感謝法の効果を遥かに超えた素晴らしい現象や奇跡がいっぱい起こります。

・まわりへの感じ方、見え方が変化…すべてのものが愛おしく感じるようになる。またすべてとの一体感を感じるようになり、大きな幸せ感の中にいると感じる

・マイナスが見えなくなる。たとえあっても不安や苦しみを感じなくなる

・喜びや幸せ感に満たされ、無条件の幸せと心からの感謝を感じるようになる
・自分の変化…疲れなくなる。健康になる。能力や直観力大きくアップし、テキパキ、スピーディーに働けるようになる
・環境の変化…まわりの人が優しくなる。マイナスな人が自然な形で去ってゆく。自分への協力者が自然にまわりに集まってくる
・スムーズ化現象…事が順調に運ぶための条件が自然に整う
・自然に笑顔が湧き上がりいつも笑顔になる。時々無性に笑いたくなる
・気がつくと、縁者が自然と幸せになっている
・必要なら、奇跡もどんどん起きる

感謝行を実践された笑顔セラピーの受講生の方からの、以上のような変化が次々と報告されます。その数は枚挙にいとまがありません。

自分の好条件を望んでいないのに、もう十分幸せで人々のために感謝行をやっているだけなのに、良いことが次々と起きるとおっしゃるのです。

だからさらに恩返ししたくなり、家族や会社の仲間や世界中の人々の幸せのために感謝行をする、するとやればやるほど、幸せが増していくといいます。

そんな人々は、笑顔一杯で、いつも感謝に溢れて暮らしておられるのです。人生ですから、マイナスに見えることも起きることはありますが、何があっても、その幸せ感、安心感は崩れることはなく、そのマイナスは次のプラスを生み出すことになり、さらに運気が上がります。

そんな世界が現実にあることを、私はここ数年の笑顔セラピーの実践の中で確信しました。また、誰でもが無条件の幸せの中に入れることも、確実に証明できたのです。

人類はテロ、環境問題、異常気象など、解決法のない困窮の最中です。それは産みの苦しみなのです。競争社会が終焉し、人々が共に支え合い暮らす世界にならなければ、人類の未来はありません。

信用ではなく信頼することが、幸せへの条件

特別プラス思考で清らかな人、頭の良い人、生き方が上手く要領の良い人が、無条件の幸せの世界に入られるのではないのです。むしろ、マイナス思考で、人生がどんづまりになっている方、自信がなくて人生がうまくいかず苦しんでおられる人の方が、無条件の幸せの境地に入られる確率が圧倒的に高いのです。そういう方々は、他に頼るものもなす術もないので、ひたすら「ありがとうございます」を信頼して実践される、だから人生が変わるのです。

これは理屈理論では、お伝えできない世界ですが、私の目の前で日々起きている真実です。

証拠があるから、論理的に判断できるから、信じるのは信用です。銀行でお金を借りられるかどうかは、信用調査の結果です。

しかし信頼は、判断基準はなく、ただ素直に信じることから始まるのです。

「ありがとうございます」の入門コースが感謝法だとしたら、感謝行が本格コースです。本格コースと入門コースとの違いは、実践の結果、与えられる幸せの大きさ、素晴らしさです。

本格コースに入り、本物の幸せ、無条件の幸せになるために必要な絶対条件は信用ではなく信頼です。試しにやってみようという意識では、その境地には至らないのです。信頼して実行した人だけに、与えられるのが無条件の幸せ、盤石の守りの世界であり、実行した人は心から実感できるのです。

是非、喜んで「ありがとうございます」の不思議な世界に、入ってください。その結果幸せになるのは、自分だけではなく、縁者が皆幸せ一杯になります。その輪がどんどん広がって、世界人類みんなが幸せで助け合える世界になる、それが今こそ人類の目指すべき道です。一人でも多くの方の実践で相乗効果が起き、大きな力になります。平和な世界を創るためにあなたの力が必要なのです。

おわりに

この本を最後まで読んでいただいて、ありがとうございます。

「ありがとうございます」の言葉が秘めるすばらしいパワーを、読者のみなさんにもわかっていただけたと思います。

でも、この本を読み終えて、それで終わりにしないでください。この言葉の真価に気づかれるのは、実践した方だけです。実践あるのみです。

「ありがとうございます」を、さっそく、唱え始めた方は、きっと大小さまざまな不思議な変化を体験されることでしょう。

最初は、人生の枝葉で小さな変化が起こる人が多いのです。

人間関係がよくなっていたり、チャンスが巡ってきたり、また、目標が達成できる方もいるでしょうし、家庭に流れる空気がとても穏やかになる方や、病気が治る方もいることでしょう。

次には、人生は根っこから変わり始めます。

「とても気分が安らぐようになり、少々嫌なことが起きても、イライラしなくなりました。それどころか、まわりの人に感謝の気持ちがわき上がってきて、このままで私はじゅうぶん幸せだって気づきました」といったような変化です。

「ありがとうございます」を唱え続けると、これまで当たり前だと思っていたことが、ほんとうはとても尊いことだったのだと気づかされます。家族が元気に暮らせること、もし病気を持っていてもほかの体の部分は元気に働いていること、そして何より、大自然が与え続けてくれている、空気、水、食物、すばらしいメカニズムの自分の体、そうしたものすべてが自分を生かし、幸せへ幸せへ導き続けてくれていることが、頭の理解ではなく、実感として自分の中に入ってくるのです。

このような喜びは、どんなことがあっても揺るぎません。本物の幸福です。絶対安心の境地です。こうした境地に達すると、今度は与えられた幸福に対して、さらに「ありがとうございます」と、感謝の念がわき上がってきます。これは、「感謝法」というより、「感謝行」とでもいうべきものです。

何かいいことが起こったり、不都合なことがなくなったりすることを願って「ありがとうございます」を唱えるのが感謝法だとしたら、何も求めず「ありがとうございます」をひたすら唱え続けるのが感謝行です。感謝法を卒業した方は、感謝行へとたどり着くことでしょう。

感謝法から感謝行に切り替わると、びっくりするほどすべての物事が順調に進み、人生に輝きがあふれてきます。ぜひ、感謝行までたどり着いてください。

「ありがとうございます」という文字は、実は、神様に出会うための言葉です。

神様というのは、真理であり、愛そのものです。愛とは人間の感情としての愛情とはまったく違うもので、すべてを生かしつくすエネルギーのことで、宇宙のすべては愛でできているのです。だから大自然のすべては神様の現れです。

「神様に出会う」というのは、何も特別なことではありません。本当の自分に出会う」ということでもあるのです。

一人でも多くの方に、本物の幸せになっていただきたい。天命を生きていただきたい――これが私の願いです。そのために、本書が役立てれば幸いです。

最後に私の師匠、笑顔セラピーに参加して下さった皆様、笑顔セラピストの皆、事務スタッフの山中夕香さん、家族の皆に心からの「ありがとうございます」をお伝えして、ペンを置こうと思います。

読者のみなさまが幸せでありますように。

世界人類が平和でありますように。世界の調和が一刻も早く実現できますように。ありがとうございます。

野坂礼子

本書は、『人間、生きているだけで、ありがとう』
（2005年2月／マキノ出版刊）を改題・再編集し、文庫化したものです。

野坂礼子（のさか れいこ）

1947年生まれ。心理カウンセラー・スピリチュアルセラピスト。日本産業カウンセラー協会労働大臣認定産業カウンセラー。大手出版社のセールスマネージャーを経て独立。その後、心理学と生き様を極めたところから昭和61年笑顔哲学を生み出し、『ありがとうございます　笑顔セラピーねっと』を始める。講演・社員研修・マスコミで活躍中。平成20年9月8日社会文化功労賞受賞。
【著書】
『人生を変える笑顔のつくり方』『人生を変える言葉ありがとう』（PHP研究所）
『笑顔の魔法』（青春出版社）『運が味方する笑顔とありがとうの法則』（きれい・ねっと）他多数

協力：笑顔セラピーねっと
無条件の幸せセラピー／感謝行セラピー／笑顔セラピスト養成コース等を大阪、東京、名古屋、岡山、広島、福岡等で開講、また講演にて、ありがとうの法則とそのパワーを一人でも多くの方に伝える活動を行う。えくぼメール登録にて、ありがとうの魔法や笑顔についての野坂からの一言やセミナー情報等を無料提供。ありがとうパワーのあるありがとうシールを無料贈呈し、ありがとうパワーを皆さんに送り届けて、社会に調和と平和を満たすための活動をしている。
ホームページ　http://www.egao-therapy.net/

マイナビ文庫

「ありがとう」と言うだけでいいことがいっぱい起こる

2016年4月30日　初版第1刷発行

著　者　野坂礼子
発行者　滝口直樹
発行所　株式会社マイナビ出版
〒101-0003 東京都千代田区一ツ橋2-6-3 一ツ橋ビル2F
TEL 0480-38-6872（注文専用ダイヤル）
TEL 03-3556-2731（販売）／TEL 03-3556-2733（編集）
E-mail kikaku-hensyu@mynavi.jp
URL http://book.mynavi.jp

カバーデザイン　米谷テツヤ（PASS）
印刷・製本　図書印刷株式会社

ISBN978-4-8399-5963-0
Printed in Japan

M Y N A V I **B U N K O**

「吉本流」しあわせ引き寄せ術

他人を元気にすると自分も元気になれる魔法のルール

大谷由里子 著

ラッキーは引き寄せられる！「一緒にいたい」と思われる人になる！ 自分を幸せにできるのは自分だけ！「聞き流す」のもテクニック！ 自分のファンをつくる！ 欲しいものは「欲しい」と言う！ 人の力を借りる！ 一日三笑！ ココロから笑うコツは？「人から言われてうれしい言葉」は？
――「吉本流」しあわせ引き寄せ術のすべて
魔法のルールを手に入れて幸せな毎日を過ごしましょう♪

【4コママンガ付き】

定価　本体720円＋税

MYNAVI **BUNKO**

素敵な日々を手にする

「幸福な偶然」にたくさん出会う方法

荒木ひとみ 著

カウンセラーとして24年間に2万人以上のクライアントに接してきた筆者が語る、「幸福な偶然」にたくさん出会うための方法や心構え。「流行を追いかけない」、「感謝するクセをつける」、「他人の利益を先に考える」、「強運な人のそばにいる」など、あなたの人生を素敵に輝かせるための様々なヒントを、豊富なエピソードとともに紹介しています。仕事や恋愛がなんとなく上手くいかなかったり、自身の現状に不満を感じている人々の日々を、より良い方向に変えるためのメソッドが満載された書籍です。

定価　本体680円+税

MYNAVI **BUNKO**

とある絵描きのコミック半生記

トコノクボ くじけない心の描き方

榎本よしたか 著

ブログで公開され電子書籍化されると、多くの人の共感と感動を呼んだコミックエッセイが待望の文庫化！ いくつもの不幸・逆境……しかし、「前へ進もう」と筆者は一歩目を踏み出した。ここから、イラストレーター、法廷画家として独立する、サクセスストーリーが始まる。どんな逆境でもポジティブに生きて、夢を貫くその姿に感動する人が続出！ つらい試練に直面しているすべての人が、生きる勇気と希望を貰える一冊です！

定価　本体680円＋税

MYNAVI **BUNKO**

絶対出会える運命の恋をつかむ7ステップ

植西聰 著

最高に幸せな恋を手に入れよう! 潜在意識が教えてくれるメッセージに耳を傾ければ目の前に運命の人が現れます。「どうしたら運命の人に出会えるのか?」「どうしたら恋愛運がよくなるのか?」「不幸をもたらす人への対処法とは?」「どうしたら運命の人だとわかるのか?」「なぜいつも自分の魅力が伝わらないのか?」「どうしたら彼をとりこにできるのか?」「結婚への最終ステップとは?」
幸せをつかんだ人だけが知っている7ステップが本書にあります。

定価 本体680円+税